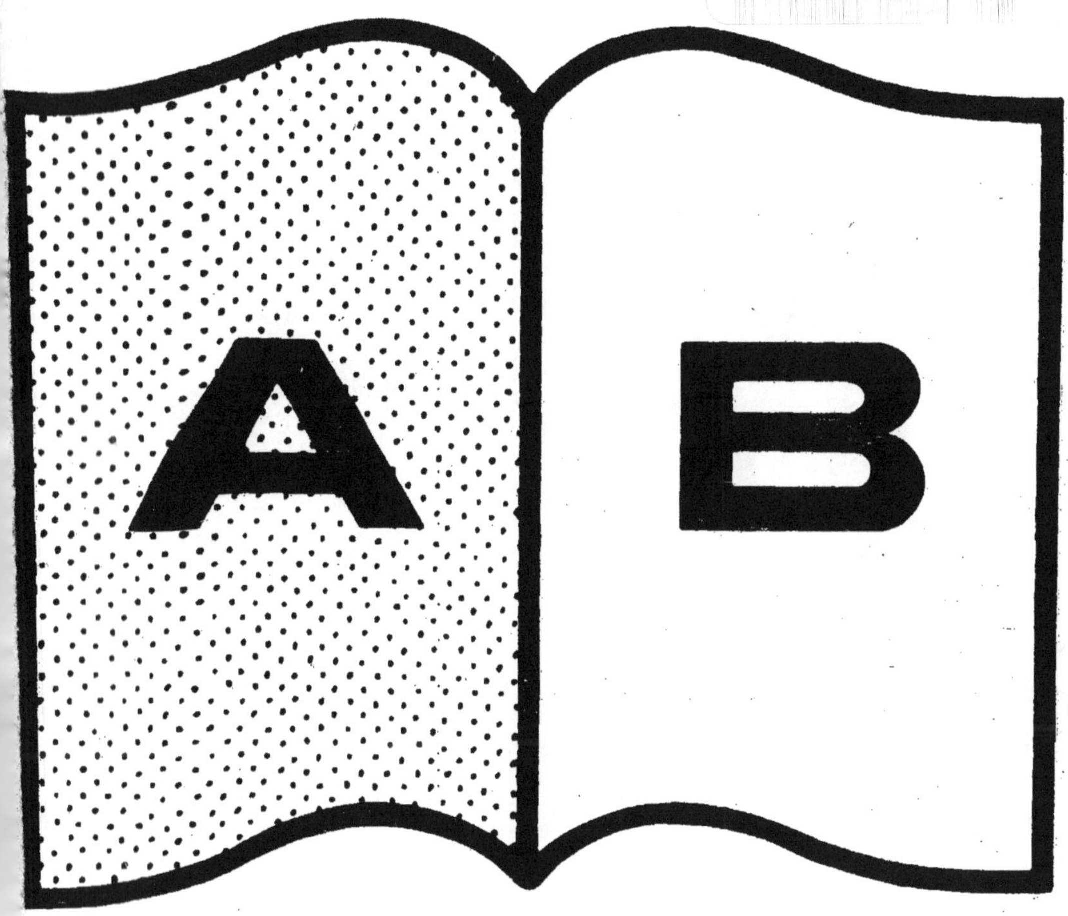

Contraste insuffisant

NF Z 43-120-14

DE L'ANTECHRIST

Ouvrages du même auteur :

LES SOIRÉES DE CHAZERON (d'Auvergne), ou Entretiens religieux et philosophiques sur l'histoire de la déchéance et de la restauration progressive de l'humanité. — Deux beaux volumes, grand in-18. Paris, rue Delambre, 9. L. Vivès, libraire-éditeur.

HISTOIRE ET LÉGENDES DE L'ABBAYE DE MENAT, en Auvergne, depuis sa fondation jusqu'à nos jours. — Un volume, grand in-18. Clermont-Ferrand, à la Librairie catholique, rue Barbançon, et à Paris, chez Lhuillier, libraire, rue Cassette, 10. Se vend au profit de l'église de Menat.

WASSY. — IMP. MOUGIN-DALLEMAGNE.

DE

L'ANTECHRIST

RECHERCHES ET CONSIDÉRATIONS

SUR SA PERSONNE, SON RÈGNE, L'ÉPOQUE DE

SON ARRIVÉE,

ET LES ANNONCES QU'EN FONT LES

ÉVÉNEMENTS ACTUELS

Par G. ROUGEYRON.

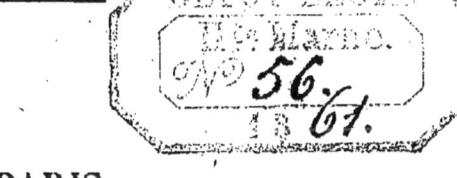

PARIS

NOUVELLE LIBRAIRIE CATHOLIQUE

VICTOR SARLIT, LIBRAIRE-ÉDITEUR

Rue Saint-Sulpice, 25

1864

AVANT PROPOS.

La plupart des esprits sont actuellement tournés vers l'avenir. On cherche avec une curiosité ardente à savoir ce qu'il apportera prochainement au monde.

Parmi les annonces que nous ont faites les saints Livres par rapport aux grands événements qui doivent signaler les derniers siècles, l'une des plus précises, c'est sans contredit l'avénement au trône de l'univers d'un homme extrêmement pervers et puissant que l'on nomme l'Antechrist.

Il nous a donc semblé qu'il ne serait pas hors de propos de rechercher et d'examiner ce que nous apprennent l'Ecriture et la Tradition sur ce personnage extraordinaire. Nous avons rédigé le résultat de cette étude, et nous le livrons aujourd'hui au public.

Nous espérons que avec la grâce de Dieu, soit en commentant les textes sacrés, soit en alléguant la croyance des siècles chrétiens, soit en appréciant les faits religieux et politiques du jour, il ne nous sera point arrivé de nous écarter des limites de la plus stricte orthodoxie. Toutefois, dans le cas où la fragilité humaine nous aurait induit en quelque erreur, nous déclarons ici rétracter d'avance toute parole, toute explication, toute appréciation qui ne serait pas rigoureusement conforme à l'enseignement de notre sainte Mère l'Eglise catholique, apostolique et romaine, dont nous avons l'honneur, quoiqu'indigne, d'être le fils et le prêtre.

DE L'ANTECHRIST

PREMIÈRE PARTIE

DE LA PERSONNE DE L'ANTECHRIST ET DES ÉVÉNEMENTS DE SON RÈGNE

CHAPITRE I

Notions diverses sur le caractère, l'origine, le pays et le peuple de l'Antechrist.

§ I. — QUE DOIT-ON ENTENDRE PAR L'ANTECHRIST ?

Ce mot signifie contraire ou opposé au Christ. En ce sens tous les hérésiarques, mais surtout les principaux, comme Arius, Nestorius, Eutichès, Macédonius, Pélage, Photius, Luther et Calvin ; tous les persécuteurs de l'Eglise et surtout les plus cruels, comme Néron, Dèce, Domitien, Dioclétien, Julien l'Apostat, Chosroës de Perse, Henri VIII d'Angleterre et sa fille Elisabeth; tous les impies et faux philosophes, et surtout les plus fameux dont l'énumération serait trop longue, ont été, à la lettre, de véritables Antechrists, puisqu'ils ont attaqué le règne de Jésus-Christ Notre-Seigneur, et se sont efforcés d'abolir son culte sur la terre. Saint Jean entendait les nommer, lorsqu'il disait aux fidèles de la primitive Eglise : « Il y a déjà et il y aura encore plusieurs Antechrists, *et Antichristi multi facti sunt* (1). »

Mais tous ces Antechrists, passés, présents et futurs ont un modèle et un type premier. C'est Lucifer ou Satan, le chef des anges rebelles, l'ennemi mortel des hommes et l'adversaire acharné de la grande œuvre de rédemption et de réparation que le Fils de Dieu est venu opérer en ce monde. Ils auront aussi un dernier disciple et successeur qui sera un homme comme eux, mais qui les surpassera tous en savoir, en puissance et en méchanceté. C'est de lui qu'on entend parler, lorsque l'on prononce d'une manière générale le nom de l'Antechrist.

Ainsi donc, l'Antechrist sera un homme plein

---

(1) Ire Epître de saint Jean, chap. II, verset 19.

de malice et de perversité qui arrivera dans les derniers temps et se servira de sa grande science et de son pouvoir extraordinaire pour persécuter et détruire, s'il se peut, le nom chrétien sur la terre. C'est sous ces traits généraux que l'annonce et le dépeint l'apôtre saint Paul en sa seconde Epître aux habitants de Thessalonique : « Alors paraîtra cet homme de péché qui doit périr misérablement ; qui, s'opposant à Dieu, s'élèvera au-dessus de tout ce qui est appelé Dieu ou de ce qui est adoré, jusqu'à s'asseoir dans le Temple de Dieu, voulant lui-même passer pour Dieu. Cet impie viendra en son temps accompagné de la puissance de Satan, avec toutes sortes de miracles, de signes et de prodiges trompeurs. Mais le Seigneur Jésus le détruira par le souffle de sa bouche et le perdra par l'éclat de sa présence (1). »

Saint Jérôme, saint Thomas, et après eux la multitude des théologiens et des commentateurs, appliquent ce texte à l'Antechrist qui sera, selon la tradition chrétienne, le plus méchant des hommes, le plus cruel des tyrans, et le plus puissant des dominateurs qui aient paru dans le monde.

(1) IIe Epître aux Thess., chap. ii, verset 3 et suiv.

§ II. — SERA-CE UN HOMME VÉRITABLE ?

Quelques docteurs ont émis l'opinion que l'Antechrist ne serait probablement qu'un être de raison, l'hérésie par exemple ou la fausse philosophie, ou enfin tout système religieux et philosophique qui attaque Jésus-Christ, sa personne, son Evangile et surtout son Eglise, qui est l'Eglise catholique, apostolique et romaine. Mais ils sont abandonnés et victorieusement réfutés par la presque totalité des saints Pères et des théologiens qui ont laissé un solide renom dans les sciences ecclésiastiques. Ce sentiment se trouve d'ailleurs en contradiction formelle avec la tradition constante des dix-huit siècles du Christianisme, comme l'affirme Bossuet dans sa préface sur l'Apocalypse. « Indépendamment, dit-il, des passages de l'Apocalypse, il est certain qu'il faut reconnaître un dernier et grand Antechrist aux approches du dernier jour. La tradition en est constante, et j'espère en démontrer la vérité par le passage célèbre de la deuxième Epître aux Thessaloniciens. »

Ce texte de saint Paul, que nous venons tout à l'heure de citer en entier, concorde d'ailleurs parfaitement avec le septième chapitre de la prophétie de Daniel et le treizième de l'Apocalypse. Or ces trois passages si remarquables, interprétés par la croyance de tous les siècles catholiques, ne permettent pas de douter que l'Antechrist ne doive être un homme véritable. Par ce mot, il n'est donc pas possible d'exprimer et signifier une grande hérésie ou la propagation d'une doctrine impie et radicalement opposée à la révélation de Notre-Seigneur. Les termes des saints Livres désignent formellement un homme qui veut, agit et domine, qui attaque, renverse et reçoit ensuite l'épouvantable châtiment dû à ses œuvres de mensonge et d'iniquité. Au reste, les détails que nous donnerons dans les pages suivantes réussiront, je pense, à ôter sur ce point toute espèce de nuage dans l'esprit du lecteur.

Voici seulement les textes du prophète Daniel et de l'Apocalypse qui, selon la masse des commentateurs, ont trait à l'Antechrist. On ne sera pas fâché de les avoir sous les yeux et de juger par soi-même si ces paroles sacrées n'annoncent pas évidemment un homme véritable.

« La quatrième Bête est le quatrième royaume qui dominera sur la terre ; et il sera plus grand que tous les royaumes, il dévorera toute la terre, il la foulera aux pieds et la réduira en poudre. Les dix cornes de ce même royaume sont dix rois qui régneront, il s'en élèvera après eux un autre qui sera plus puissant que ceux qui l'auront devancé et il abaissera trois rois. Il parlera insolemment contre le Très-Haut ; et il s'imaginera qu'il pourra changer les temps et les lois. Et les saints seront livrés entre ses mains jusqu'à un temps, deux temps et la moitié d'un temps. Mais le jugement se tiendra ensuite, afin que la puissance soit ôtée à cet homme ; qu'elle soit entièrement détruite et qu'elle périsse pour jamais (1). »

« Et je vis une Bête s'élevant de la mer avec sept têtes et dix cornes, et dix diadèmes sur ses cornes et des noms de blasphème sur ses têtes. Et la Bête que je vis était semblable à un léopard, et ses pieds ressemblaient aux pieds d'un ours, et sa gueule à la gueule d'un lion. E je vis une de ses têtes comme blessée à mort. Mais cette plaie mortelle fut guérie ; et toute la terre, dans l'admiration suivit la Bête ; et ils adorèrent le Dragon qui avait donné puissance à la Bête ; et ils adorèrent la Bête en disant : qui est semblable à la Bête et qui pourra combattre contre

---

(1) Prophétie de Daniel, chap. vii, verset 23 et suiv.

elle ? et il lui fut donné une bouche qui se glorifiait et blasphémait; et elle reçut le pouvoir de faire la guerre durant quarante-deux mois. Elle ouvrit la bouche pour blasphémer contre Dieu, pour blasphémer son nom et son tabernacle et ceux qui habitent dans le Ciel. Et elle reçut le pouvoir de faire la guerre aux saints et de les vaincre. Tous les habitants de la terre l'adorèrent, tous ceux dont les noms ne sont pas écrits dans le Livre de l'Agneau immolé dès la création du monde (1). »

§ III. — SON ORIGINE.

Le savant et pieux commentateur Corneille de Lapierre, plus connu sous les noms latins de *Cornelius a Lapide*, dans son commentaire sur la Genèse, affirme que les Saints Pères ont enseigné communément, d'après la tradition juive et chrétienne, que l'Antechrist devait naître de la tribu de Dan.

C'était donc l'Antechrist, son dernier descendant, que le patriarche Jacob entendait désigner, quand il dit dans sa célèbre prophétie sur le sort futur de ses douze enfants : « Dan jugera

---

(1) Apocalypse, chap. XIII, verset 1 et suiv.

son peuple aussi bien que les autres tribus d'Israël. Que Dan devienne comme un serpent dans le chemin et comme un céraste dans le sentier qui mord le pied du cheval, afin que celui qui le monte tombe à la renverse. J'attendrai, Seigneur, le Sauveur qui doit venir (1). »

L'Antechrist, en effet, ajoute Cornélius, aura les mœurs du serpent et les cornes du céraste; car par ses ruses, ses fourberies, ses adresses, son hypocrisie, sa malice, sa science, son éloquence, ses faux miracles, sa puissance et sa cruauté, il séduira la foule des hommes, les *mordra*, les foulera aux pieds et les fera mourir. Aussi, à la vue anticipée de cette affreuse persécution et de ces horribles massacres ordonnés et exécutés par l'un de ses descendants, le patriarche moribond, plein de douleur et d'horreur, jette cette exclamation comme pour se consoler : « J'attendrai, Seigneur, le Sauveur que vous enverrez. » C'est-à-dire, mais j'espère, Seigneur, que bientôt alors vous enverrez une seconde fois votre Fils pour délivrer le monde.

Le lecteur m'exemptera d'apporter ici les paroles latines du savant commentateur, aussi bien que le texe de la Vulgate dans les nom-

---

(1) Genèse, chap. XLIX, vers. 16 et 17.

breuses citations que je ferai de la sainte Ecriture.

Malvenda, théologien espagnol assez estimé, appuie encore ce sentiment, qui est le sien, sur le xvi⁰ verset du chapitre huitième de Jérémie. Le Prophète, au milieu de sa vision, s'écrie : « Le bruit de la cavalerie ennemie s'entend déjà de Dan : toute la terre retentit des hennissements de leurs chevaux de bataille ; ils viendront en foule et ils dévoreront tout le pays, tous les fruits de la terre, toutes les villes et tous leurs habitants (1). »

Cet auteur prétend donc que cette affreuse guerre que décrit Jérémie est celle de l'Antechrist qui descendra de la tribu de Dan, et dont la domination tyrannique s'étendra par toute la terre.

Bossuet nous avertit en outre dans son *Explication de l'Apocalypse* que plusieurs Pères et Docteurs de l'Eglise ont cru que l'apôtre saint Jean, au septième chapitre de ce livre mystérieux qui contient le récit figuré de la vie de l'Eglise jusqu'à la fin des siècles, avait omis exprès le nom de Dan et de sa tribu dans l'énumération qu'il nous fait des élus de chacune des tribus d'Israël,

---

(1) Voyez la note 1 à la fin du volume.

et que cette omission avait pour but de nous donner à entendre que le chef des impies des derniers jours naîtrait de la famille de Dan.

Quoi qu'il en soit de cette opinion qui est assez générale, nous pouvons dire qu'il paraît certain, d'après le plus grand nombre des commentateurs, que l'Antechrist sortira de la race juive et qu'il se servira des Juifs comme d'auxiliaires pour arriver à la domination universelle. Saint Jean Damascène assure, en outre, qu'il ne viendra point d'un légitime mariage, mais d'une union illégitime, condamnée aussi bien par la loi judaïque que par la loi chrétienne.

Mais le sang hébreu ne coulera pas seul dans ses veines ; il y sera mêlé au sang turc ou mahométan, d'après le sentiment du vénérable Holzhauser, autre pieux et célèbre commentateur de l'Apocalypse.

Il nous est donc permis de penser que l'Antechrist naîtra au sein de l'islamisme, soit d'un père musulman et d'une mère juive, soit d'une mère mahométane et d'un père israélite ; qu'il relèvera l'empire ottoman de sa faiblesse actuelle, et que, appuyé sur les Turcs et les Juifs, il montera au trône de l'univers. C'est ce que nous essayerons de montrer bientôt.

En finissant ce paragraphe, nous prierons seulement le lecteur de remarquer qu'il serait très possible que, au temps de l'apparition de l'Antechrist, l'on ne connût point parfaitement sa généalogie. Ne pourrait-il pas se faire qu'il portât le sang turc et le sang juif dans ses membres, et que les hommes n'en eussent aucune connaissance ? Que ses ancêtres aient été israélites ou musulmans, sans que son père et sa mère le soient ou paraissent l'être ? La prophétie ne serait elle pas vraie quand même ?

§ IV. — SON PAYS ET SON PEUPLE.

L'on ne peut faire là-dessus que des conjectures plus ou moins probables. Comme nous venons de le dire, l'opinion commune est que l'Antechrist naîtra du mélange des deux races turque et juive. Mais en quel pays et chez quel peuple actuel prendra-t-il naissance ? Les Saintes-Ecritures et les pieux docteurs qui nous les ont expliquées ne nous offrent aucune donnée certaine à ce sujet. L'induction seule peut nous fournir quelque lumière.

Puisque chez « l'homme d'iniquité » le sang d'Israël se trouvera mêlé au sang de Mahomet, il est probable qu'il n'appartiendra à aucune nation chrétienne, et que, s'il vient à naître au milieu d'elles, il reniera promptement son origine; qu'il fera de violents efforts, comme autrefois Julien l'Apostat, pour effacer le caractère de son baptême et qu'il se proclamera hautement l'ennemi de Jésus-Christ et de son Eglise.

Mahomet a été le plus célèbre des précurseurs de l'Antechrist; et l'empire de l'Islamisme est le type de celui qu'il établira sur la plus grande partie du globe. L'Arabie fut le berceau du fils d'Abdallah; et aujourd'hui, comme aux siècles passés, c'est dans l'Arabie que vivent ses plus ardents sectateurs. Si le sultan de Constantinople a sans cesse reculé devant les réformes qu'ont réclamées les Puissances européennes dans l'intérêt des peuples soumis à son sceptre; il faut en chercher la principale cause dans les menaces d'excommunication et de déposition qui lui sont fréquemment adressées, dit-on, de La Mecque, de Médine, de Djeddah et d'autres lieux renommés de la terre sacrée de l'Hedjaz. En sorte que l'on se sent incliné à croire que l'Antechrist viendra de l'Arabie, plutôt que de la Perse, de l'Egypte, de la Turquie et d'autres contrées soumises à l'Islam, dans le cas plus que probable qu'il n'appartiendra point extérieurement aux nations chrétiennes (1).

Déjà de sourdes rumeurs, parties de ce foyer de la superstition et du fanatisme, se répandent de toutes parts, dans le but d'agiter les fils dévoués du Prophète, de les appeler aux armes et de leur faire recommencer cette guerre d'extermination que les premiers califes firent autrefois contre ceux qu'ils appelaient les infidèles, c'est-à-dire les chrétiens, nos ancêtres.

Les révoltés de l'Inde contre la domination anglaise en ces dernières années, qu'étaient-ils pour la plupart, sinon des disciples de Mahomet? Ils avaient, a-t-on dit, reçu du centre de l'Islamisme l'impulsion et le mot d'ordre pour se soulever. Mais trop impatients, ils ont devancé l'heure et ils ont succombé pour le moment sous les coups de leurs maîtres si persévérants et si habiles. Mais la main dirigeante qui réside à La Mecque n'a point du tout abandonné la résolution de régénérer la nation des musulmans; et lorsqu'elle jugera que les temps propices sont arrivés, elle se relèvera tout à coup. Nous la verrons alors mettre à la tête de ses Arabes un chef énergique qui, les électrisant par sa bravoure, sa science et le fana-

(1) Voyez la note 2 à la fin du volume.

tisme de son orgueil, les lancera sur les terres voisines, y grossira leurs rangs et formera bientôt une armée immense avec laquelle il fera de rapides conquêtes. Et ce chef, le plus ardent imitateur de son ancêtre Mahomet, le plus puissant fauteur et propagateur de son culte après le sien propre, deviendra cet homme que nous nommons l'Antechrist.

Ainsi donc, dans cette hypothèse, l'Antechrist venu des provinces orientales de l'empire turc, en occuperait d'abord le trône ; puis l'ayant relevé de son infirmité actuelle, il en mettrait en mouvement et en ligne toutes les forces pour attaquer et vaincre, s'il est possible, la Chrétienté tout entière. C'est ce qu'enseigne positivement le vénérable Holzhauser dans son *Explication* vraiment frappante *de l'Apocalypse*.

Après avoir, comme la plupart des auteurs ecclésiastiques, affirmé que c'est de l'union des deux races d'Ismaël et de Jacob que sortira l'Antechrist, « ce fils de perdition, » qui règnera d'abord sur elles, il ajoute des réflexions remarquables dont nous nous bornerons ici à présenter une brève analyse.

C'est afin que toutes les prophéties s'accomplissent, dit-il, que Dieu dans ses conseils secrets, permettra aux musulmans d'occuper la Palestine et les autres pays qui appartenaient jadis à Israël, et d'y maintenir leur domination jusqu'à ce que toute prévarication soit accomplie. Nous avons une preuve palpable de sa volonté à cet égard, en ce qu'il ne permet pas que cette race musulmane, formée d'Arabes et de Turcs, disparaisse entièrement et périsse, jusqu'à ce qu'elle ait produit le fils d'iniquité. Combien d'empereurs, de rois et de princes ont fait tous leurs efforts pour reprendre la Terre Sainte ! Ç'a été toujours sans succès ou du moins sans obtenir d'autres résultats que des victoires prématurées dont ils perdirent bientôt les fruits. Quelle mystérieuse chose que cette discorde permanente entre les puissances chrétiennes sur cette grande et interminable question de l'Orient ! Oui, l'anéantissement total de la puissance musulmane est arrêté et entravé par nos misérables dissensions ; et il le sera encore jusqu'à ce que les chrétiens, ayant comblé la mesure de leurs péchés, le Seigneur se lasse de notre ingratitude et qu'il permette « à l'homme de perdition » d'exalter son orgueil et de fouler à ses pieds le monde.

Ainsi donc, quelque grande que doive être

l'étendue de l'Eglise latine en son sixième âge, elle ne fera point cependant la conquête des habitants de la Palestine et d'autres contrées orientales. C'est dans ces régions réservées aux gentils que doit se former le royaume de l'Antechrist. Les Juifs, dès le commencement, le reconnaîtront pour leur roi. Ils se rassembleront de l'Orient, de l'Occident, du Nord et du Midi pour s'attacher à lui et combattre sous son étendard. Notre-Seigneur voulait probablement parler de cette circonstance, quand il disait prophétiquement aux Juifs : « Je suis venu au nom de mon Père et vous ne me recevez point; si un autre vient en son propre nom, vous le recevrez. *Ego veni in nomine Patris mei, et non accipitis me; si alius venerit in nomine suo, illum accipietis* (1). »

CHAPITRE II

Comment s'agrandira son pouvoir ?

Quoiqu'il en soit de l'origine et du peuple de

(1) Evangile selon saint Jean, chap. v, vers. 43.

l'Antechrist, ses moyens d'agrandissement seront puissants et nombreux. Nous citerons ici les principaux, savoir : l'assistance spéciale du démon, le fanatisme musulman, les richesses juives, le secours actif des impies, la connivence des révolutionnaires.

§ I. — L'ASSISTANCE DE L'ESPRIT DE TÉNÈBRES.

Le Démon est l'ennemi mortel du genre humain, l'auteur et le fauteur de tout mal, l'adversaire implacable du royaume de Jésus-Christ en ce monde.

Je m'adresse ici aux âmes qui croient à l'Evangile et en professent hautement la foi. Par conséquent il n'est pas nécessaire de nous étendre sur la puissance, les œuvres et la méchanceté des anges rebelles et de leur chef. Tous les persécuteurs, petits ou grands, de la religion chrétienne ont obéi à leurs malignes suggestions. C'est l'esprit de l'enfer qui a, dans tous les temps, animé les impies, inspiré leurs discours et provoqué leurs actes. Lucifer faisait alors un essai de son génie et de sa force. Il préludait et se préparait à la plus grande de ses œuvres, à la formation, ou mieux, peut-être, à l'éducation de celui par lequel il réussira, pour quelques années, à étendre son infernale domination sur tous les royaumes de la terre.

Satan et ses suppôts ont ardemment travaillé en tous les siècles à la propagation de l'empire du Mal. Quand ils auront accumulé ce mal de telle sorte qu'il soit près d'atteindre son dernier comble, alors ils susciteront un homme puissant et audacieux qui, l'ayant formulé pratiquement, réglementé, dirigé, organisé politiquement, lui mettra ensuite dans la main toutes les forces de la société anti-chrétienne et le fera régner seul par tout le monde.

Aussi saint Jean, parlant de l'Antechrist dans l'Apocalypse, pour nous expliquer à l'avance comment il se formerait, nous dit cette parole prophétique qu'il nous faut méditer : « Et le Dragon lui donna sa force et sa grande puissance. *Et dedit illi Draco virtutem suam et potestatem magnam* (1). » Or, le prince des ténèbres pourra faire cette communication de soi-même en deux manières. La première sera extérieure et consistera principalement à prêter à l'Antechrist une continuelle assistance, à lui donner des conseils pleins d'astuce et surtout à

---

(1) Apocalypse, chap. xiii, verset 2.

opérer des prodiges ou des signes extraordinaires pour appuyer son pouvoir naissant auprès des hommes. C'est ainsi qu'il vint en aide au prétendu prophète Mahomet et lui procura le prompt établissement de sa secte et de son empire.

La seconde manière est intrinsèque, dit le vénérable Holzhauser. Elle aura lieu lorsque Satan se revêtira, pour ainsi dire, du corps et de l'âme de l'Antechrist, afin de ne faire qu'un avec lui. Or, cette manière d'agir, Dieu ne l'a point encore permise au diable. Mais elle lui sera accordée dans « le fils de la perdition. » C'est pourquoi Lucifer, qui est la plus orgueilleuse des créatures, cherchant toujours, dans sa jalousie, à imiter la Divinité en toutes choses, entrera dans l'Antechrist, le formera, le possédera et s'enveloppera en quelque façon de son corps et de son âme, dès le moment de sa conception dans le sein de sa mère. En sorte que l'Antechrist, « cette Bête terrible et merveilleuse, » comme dit le prophète Daniel, opérera des prodiges incroyables par la force et la puissance du prince des démons qui agira en lui et par lui.

L'Antechrist sera donc très-probablement une

espèce de démon incarné, un essai d'union de la nature diabolique avec la nature humaine, une parodie sacrilége de l'incarnation du Fils de Dieu, une odieuse imitation de cette adorable union hypostatique de la nature divine avec la nature humaine en Notre-Seigneur Jésus-Christ. Et de même que, en ce bon Sauveur, la Divinité communiquait sa force et sa puissance à l'Humanité pour accomplir les plus grands miracles, à l'effet de prouver son ineffable qualité de Fils de Dieu ; ainsi Lucifer employant toute l'énergie de la nature angélique, s'efforcera de démontrer par des actions prodigieuses que l'Antechrist est l'envoyé de Dieu, que la divinité réside en lui, qu'il est le véritable Messie promis dès le commencement du monde. Et en répétant ces prodiges durant des années, il parviendra, sans beaucoup de peine, à faire entrer cette conviction dans presque tous les hommes, toujours faciles à se laisser séduire et subjuguer par ce qui est merveilleux. Ne seront préservés de cette lamentable séduction que ceux « dont les noms sont inscrits au Livre de vie, *quorum nomina sunt in libro vitæ* (1). »

(1) Epitre de saint Paul aux Philippiens, ch. iv, v. 3.

§ II. — LE FANATISME MAHOMÉTAN.

Le second moyen d'agrandissement qu'aura l'Antechrist pour arriver à la domination universelle sera le fanatisme des sectateurs de Mahomet. Ne nous arrêtons pas à en donner des preuves. Depuis la naissance du faux Prophète, jusqu'à nos jours, le fanatisme c'est le caractère, c'est la passion qui a constamment dominé chez les Arabes, les Sarrazins, les Turcs, en un mot chez tous les fidèles de l'Islam. Cette religion sensuelle et cruelle, tout à la fois, s'est propagée par le fer, le feu et le sang. Elle s'est maintenue au moyen du plus affreux despotisme, et elle reprendra momentanément une nouvelle vigueur sous l'action du zèle le plus farouche qui se réveillera, durant les jours de l'Antechrist, chez toutes les tribus mahométanes, et sera en même temps secondé par les chrétiens renégats et révolutionnaires.

Qu'on veuille bien se reporter vers le milieu et la fin du vii° siècle de notre ère ; qu'on relise les scènes de carnage qui désolèrent alors la Palestine, l'Arabie, l'Egypte, les plus belles provinces de l'Asie et quelques-unes de l'Europe.

Ou plutôt, sans aller si loin dans le passé, que l'on se rappelle les massacres de Syrie en l'année dernière, cette année 1860, si néfaste sous tant de rapports. En voyant les œuvres du fanatisme musulman, lorsqu'il a la force en main, l'on comprendra ce qu'il ferait encore aujourd'hui ou demain, si sa flamme qui éclate de temps à autre n'était promptement comprimée par le bras des nations chrétiennes ; et l'on se figurera de même aisément ses fureurs et ses conquêtes, lorsqu'il aura pour organisateur l'homme le plus extraordinaire qu'on ait vu, et pour auxiliaire la Révolution triomphante au sein de la chrétienté.

§ III. — LES RICHESSES DES JUIFS.

Tel sera le troisième ressort au service de l'Antechrist. L'on sait que les enfants d'Israël, dispersés depuis si longtemps sur le globe, attendent encore le Messie promis si souvent et si solennellement à leurs pères, les patriarches Abraham, Isaac et Jacob. C'est cette attente obstinée qui, dans les desseins de la Providence, contribue le plus à nourrir en eux leur opiniâtre attachement à la loi de Moïse, qui les empêche d'embrasser le culte des nations au milieu desquelles ils vivent, et les maintient constamment distincts et séparés d'elles.

Quand l'Antechrist apparaîtra, revêtu d'un pouvoir immense, orné d'une science extraordinaire, et se donnant pour le véritable Fils de Dieu, ils seront les premiers, parmi les peuples, à se laisser séduire et à placer en lui une foi entière et aveugle. Abandonnés à leur sens réprouvé en punition de leur fatale persévérance à renier le nom de Jésus-Christ, ils donneront au monde le premier exemple de ce blasphème horrible contre le Dieu du ciel et son Christ, dont parle saint Jean : « Qui est semblable à la Bête et qui pourra lui résister ? *Quis similis Bestiæ ? et quis poterit pugnare cum eâ* (1). »

En notre temps, les Juifs en général sont très-riches. Placés à la tête des plus puissantes maisons de banque de l'Europe, ils sont les créanciers de presque tous les Etats du globe; les capitaux affluent en masse dans leurs mains ; leur commerce s'étend de toutes parts ; et tous les marchands de l'univers dépendent plus ou moins d'eux, surtout en ce sens qu'ils sont obligés d'avoir recours à leur crédit plus ou moins fréquemment selon le besoin qu'ils ont de lettres

---

(1) Apocalypse, chap. XIII, verset 4.

de change et d'argent. Qui ne connaît leurs noms et n'invoque leur appui dans les grands centres d'affaires, comme Paris, Londres, Vienne, Madrid, Saint-Pétersbourg, Moscou, Hambourg, Constantinople et Berlin ? Ces rois de la finance, assis sur les caisses d'or de leurs bureaux, font parfois trembler les plus puissants potentats sur leurs trônes séculaires.

Ce n'est pas ici le lieu d'examiner comment les Israélites sont parvenus à accaparer de la sorte les richesses de ce monde. L'origine de cette opulence vient de l'interprétation fautive et injuste qu'ils font de ce verset de leur loi, qui « leur défendant de prêter à usure à leurs frères, le leur permet à l'égard de l'étranger. » *Non fœnerabis fratri tuo ad usuram... sed alieno* (1). Les Juifs ont donc été constamment fidèles à se procurer entre eux soutien, argent et crédit, comme aussi à prélever les plus fortes usures sur les peuples qui leur ont donné l'hospitalité et qu'ils ont eu le soin de regarder comme des étrangers, et par suite comme une riche proie à exploiter. Par leur constance dans cette idée et surtout dans cette pratique, ils ont réussi à ramasser et consigner entre leurs mains presque

---

(1) Deutéronome, chap. XXIII, vers. 19 et 20.

tout l'or des nations. Ce fut cet accaparement, plus grand peut-être alors qu'aujourd'hui, qui aux siècles du moyen-âge, excita en plusieurs pays tant de haines, tant de murmures et quelquefois aussi tant de violences contre ces avides et rapaces fils d'Israël.

A considérer le progrès actuel de leurs richesses, il est certain qu'ils auront une aptitude merveilleuse à fortifier le parti naissant de l'Antechrist. Leur naturelle aversion contre les chrétiens, jusqu'alors retenue et hypocritement voilée, jettera tout à coup son masque. S'imaginant qu'il est enfin arrivé, leur libérateur si longtemps attendu, ils s'insurgeront de toutes parts, afin de faire de puissantes diversions en sa faveur et de l'aider à la conquête du monde entier, dont ils regarderont la couronne comme lui étant légitimement due en sa qualité d'envoyé du Très-Haut.

Que le lecteur français ne se laisse point aller à la tentation de révoquer en doute ce que j'avance. Son hésitation, s'il en a quelqu'une, peut uniquement provenir de ce qu'il ne connaît point suffisamment l'état actuel de la nation juive dispersée dans l'univers. On aurait le plus grand tort de croire que ses membres sont partout aussi inoffensifs qu'ils paraissent l'être en France, où il se trouvent peu nombreux, peu fanatiques, associés à tous nos droits civils et politiques, et forcés de toute manière de mettre en pratique notre civilisation et nos mœurs. Pour connaître à fond l'esprit qui domine aujourd'hui dans Israël, les forces dont il peut disposer et la haine qu'il a contre le christianisme, il faut examiner ce qu'il est, ce qu'il dit et ce qu'il fait en Russie, en Turquie, en Allemagne, en Asie et en Afrique.

Le prince de Metternich, qui, comme on sait, fut pendant quarante ans le premier ministre de l'empire d'Autriche et était sans contredit l'homme le plus au courant des affaires de l'Europe, disait en 1849 : « Il y a dans l'Allemagne des éléments révolutionnaires qui n'ont pas encore servi et qui sont redoutables, l'élément Juif, par exemple; il est, je crois, inoffensif chez-vous. (Le prince parlait à un célèbre publiciste français.) En Allemagne, c'est tout différent. Les Juifs occupent le premier rôle et sont des révolutionnaires de première volée. Ils ont des écrivains, des philosophes, des poètes, des orateurs, des publicistes, des banquiers, et sur la tête et dans le cœur tout le poids de l'ancienne ignominie. Ils auront un jour redoutable pour l'Allemagne, probablement suivi d'un lendemain redoutable pour eux (1). »

§ IV. — L'AIDE DES INCRÉDULES ET DES IMPIES.

A l'époque de l'arrivée de l'Antechrist, l'impiété lèvera partout la tête. Encouragé par la multiplication et l'audace inouïe de ses adeptes, le démon osera tenter son dernier et suprême effort contre Jésus-Christ et son Eglise, en formulant le mal et en le concentrant dans l'Homme de perdition. Il s'efforcera, comme nous l'avons dit plus haut, de le rendre tout à fait semblable à lui, d'en faire, s'il est possible, un autre lui-même. Or il n'est pas douteux que tous les hommes profondément pervers, à la vue des rudes coups portés au royaume de Dieu ici-bas par le plus puissant des potentats, ne l'applaudissent de tout leur cœur, ne l'encouragent de leurs ardentes sympathies, ne l'aident fortement de leurs bourses et de leurs personnes. Pleins d'une joie satanique, ils saisiront cette solennelle occasion d'assouvir leur implacable haine contre la Religion véritable et de travailler

(1) L'*Univers* du 26 juin 1859.

efficacement à la complète destruction de ces deux grands noms de *Christ* et d'*Eglise* qu'ils ont toujours eus en horreur, parce que ce sont des reproches éternellement vivants de leur corruption et de leur malice. Ils s'insurgeront donc avec fureur : ils s'échaufferont mutuellement au fanatisme de l'impiété en répétant ces paroles : « Venez, coalisons-nous, anéantissons ce Christ qui se dit l'héritier du ciel. Mettons tous ses partisans à mort, et nous règnerons enfin à sa place, » comme notre cœur le désire : *Hic est hæres, venite, occidamus eum et habebimus hæreditatem ejus* (1).

Au reste, l'histoire des dix-huit cents années du Christianisme est là pour nous démontrer par une universelle expérience que l'impiété a toujours fait cause commune avec le despotisme, quand il s'est agi de persécuter l'Eglise catholique, et que les impies n'ont jamais manqué de venir en aide aux tyrans pour l'oppression des peuples. Ces prôneurs intarissables de la liberté, nous les avons vus à l'œuvre. Jamais on ne rencontra de plus intrépides amants de l'arbitraire et de la tyrannie. Licence effrénée pour eux-mêmes et joug de fer pour les autres; à eux

---

(1) Evang. selon saint Matthieu, chap. xxi, v. 38.

liberté de tout détruire et défense à autrui de rebâtir, voilà en réalité leurs plus sacrés dogmes. Je sais qu'un certain nombre les renie, criant à l'injustice quand on les leur jette à la face. Mais leurs discours et leurs actes sont là, sculptés et gravés dans l'incorruptible histoire.

Il est donc clair comme le jour que l'Antechrist, en venant s'asseoir au trône de l'univers, trouvera autant d'auxiliaires et de complices qu'il y aura d'incrédules et d'impies sur la terre. Or cette espèce d'hommes sera malheureusement très-nombreuse, puisque Notre-Seigneur, parlant de l'état du monde en cette déplorable époque, prédit en termes formels que « la charité du plus grand nombre se sera refroidie, » et nous donne à entendre que la foi risquera d'être partout éteinte (1).

§ V. — LA CONNIVENCE DES RÉVOLUTIONNAIRES.

Qu'est-ce que veut aujourd'hui la Révolution ? Ce qu'elle a voulu par le passé ; c'est-à-dire changer les lois qui ont régi la société chrétienne depuis dix-huit siècles, abattre le principe d'autorité pour lui substituer l'anarchie sous le nom

(1) Evang. selon saint Matthieu, chap. XXIV, v. 12.

pompeux de liberté, détruire la croyance à l'Evangile et la soumission à l'Eglise, pour ériger et faire régner à leur place le libre examen et la raison individuelle. Or, c'est ce qu'elle voudra encore avec plus d'emportement après la venue de son grand chef, l'Antechrist qui, du reste, de son côté, lui amènera pour renforts les Turcs, les païens et les Juifs ne faisant déjà plus qu'un seul peuple sous son sceptre.

Cet homme, puissant en œuvre et en parole, s'annonçant comme l'ennemi du Christ et de son Eglise, se proclamant le libérateur des nations, l'émancipateur des consciences, l'apôtre et le soutien de la civilisation, le protecteur et le gardien de la fraternité universelle, fera le plus énergique appel à toutes les âmes orgueilleuses et impatientes, à toutes les consciences inquiètes et souillées, à tous ceux qui se disent les partisans exclusifs de la loi naturelle, à tous les contempteurs de la loi révélée, à tous les blasphémateurs du saint nom de Dieu, en un mot à tous les méchants. Les ayant rassemblés autour de sa personne, il se déclarera leur prince et leur roi ; il aiguillonnera leur ambition par la magnificence de ses promesses ; et puis, avec leur multitude enchaînée par l'éclat de son pouvoir, il composera une immense armée de fanatiques soldats qui, célébrant partout ses louanges, attaqueront partout aussi ses ennemis, et l'aideront de la sorte à établir et consolider en peu d'années sa domination sur tous les peuples.

Et alors, mais seulement alors, cette victoire que la Révolution aujourd'hui espère et attend pour une époque prochaine, elle l'obtiendra pleine et entière. Mais grâce à Dieu, elle ne la gardera pas longtemps.

Voilà donc les nombreux auxiliaires de l'Antechrist; voilà les innombrables pionniers qui applaniront sa route, les bras qui le porteront au trône, l'armée qui combattra pour son triomphe, les hommes qui se prosterneront devant lui pour l'adorer. Voilà enfin comment le Fils de la perdition s'élevera par degrés et atteindra rapidement le faîte du plus grand pouvoir qui ait épouvanté le monde.

CHAPITRE III

Science extraordinaire de l'Antechrist.

Il n'est pas juste de dire que « cet homme de

péché » aura de bonnes qualités. Car alors on pourrait affirmer qu'il sera doué de vertus : ce qui contredit absolument l'idée que nous devons avoir de cet ennemi acharné de la morale évangélique. Mais il possèdera certaines perfections naturelles qui frapperont d'étonnement les peuples et les attireront à lui ; perfections dont il se prévaudra étrangement et qu'il emploiera très-habilement à séduire les âmes et à les détacher du vrai Dieu et de son vrai Christ.

Nous ne parlerons ici que de la première de ces qualités, parce qu'elle résumera les autres en leur donnant naissance et vigueur. C'est sa science très-profonde des hommes et des lois de la nature matérielle, au moyen de laquelle il accomplira une infinité de choses merveilleuses qu'il fera passer pour de véritables miracles en preuve de sa mission divine et de son origine céleste.

Tous les auteurs et commentateurs sont unanimes sur ce point ; et ils appuient leur sentiment, d'abord sur ce verset de la seconde Épître de saint Paul aux habitants de Thessalonique : « Cet impie doit venir accompagné de la puissance de Satan avec toutes sortes de miracles, de signes et de prodiges trompeurs ; » puis, sur ces expressions du xiiie chapitre de l'Apocalypse : « et le Dragon lui donna une grande force et sa propre puissance ; » expressions que l'on peut entendre non pas seulement d'un pouvoir politique très-étendu, mais encore d'une énergie d'intelligence et d'une profondeur de science capables de produire des actes, en apparence sinon en réalité, surnaturels et surhumains ; et enfin sur ces autres paroles du chapitre viie de la prophétie de Daniel : « Cette corne, l'une des dix de la quatrième Bête, avait des yeux comme les yeux d'un homme et une bouche qui prononçait de grandes choses. »

Si le lecteur veut avoir une notion plus précise de cette science merveilleuse de l'Antechrist, qu'il se reporte en Egypte, au temps de Moïse et d'Aaron, qu'il entre dans le palais de Pharaon et qu'il contemple les magiciens de la cour, puissamment assistés de l'esprit de ténèbres, faisant assaut de science et de miracles avec les deux grands serviteurs de Dieu, alors que, par le commandement du Seigneur, ils frappent le pays de Cham de ces fléaux épouvantables connus dans l'histoire sous le nom des *dix plaies d'Egypte*. L'Antechrist aura encore plus d'habileté et de pouvoir que les devins du roi d'Egypte.

Si l'on trouve cet exemple trop éloigné de nous dans l'horizon des siècles, et si l'on en désire un plus récent et postérieur à l'établissement du christianisme, que l'on veuille bien alors se transporter au milieu du viie siècle de notre ère, et que l'on parcoure rapidement la vie du prétendu prophète Mahomet. Cette force de persuasion, cet art merveilleux de captiver les esprits, ces prodiges et ces relations célestes qu'il allègue avec tant d'adresse pour accréditer sa mission, pour étendre et affermir son pouvoir, étaient les annonces et les faibles images des merveilleuses opérations futures de l'Antechrist, dont le fils d'Abdallah a été le type et l'avant-coureur.

Il est facile de comprendre d'où lui viendra cette science prodigieuse et comment il acquerra cette puissance extraordinaire tant sur l'esprit des hommes que sur la nature physique. Nous avons déjà suffisamment donné à entendre quelle en serait la cause et la première source.

Le prince des enfers habitera en lui, avons-nous dit; et, par cette habitation secrète, il essayera d'imiter la plus grande des opérations divines, l'union hypostatique de la Divinité avec l'humanité en Notre-Seigneur Jésus-Christ. Il s'incarnera donc en lui, autant qu'il est possible, et lui communiquera les qualités de sa nature angélique, mais principalement sa science des phénomènes naturels, son esprit de divination qui est le résultat de ses connaissances surhumaines, et son adresse incomparable à séduire les âmes, qui est le fruit de sa longue expérience des hommes. En sorte que l'Antechrist sera réellement investi et doué de tout le savoir, de tous les artifices, de toute la force de séduction et de tout le pouvoir sur les éléments, que possède le chef des anges déchus, lequel, en cette lamentable époque, mettra en exercice chez son plus parfait suppôt toute l'énergie de sa nature angélique et l'emploiera contre nous en la mesure que lui permettra la justice divine, irritée contre la terre et résolue de la châtier, pour un temps, avec la dernière rigueur.

Telle est, répétons-nous, la croyance commune des docteurs et des fidèles chrétiens, comme l'on peut s'en convaincre en lisant les savants commentaires qu'ont faits des Epîtres de saint Paul aux Thessaloniciens plusieurs célèbres auteurs, tels que Péquigny, Jean de Gorcum, Estius, Cornélius a Lapide, etc.

CHAPITRE IV

Ses Vices.

L'Antechrist aura tous les vices, puisqu'il sera le génie du Mal incarné. Nous ne mentionnerons ici que ceux qui, dominant en son âme, sembleront effacer les autres par leur éclat extérieur ou plutôt par l'importance de leurs effets.

J'ai connu un homme d'un orgueil satanique, d'une haine implacable, d'un despotisme cruel, d'une luxure abominable. Cet homme, me disais-je, est un homme possédé de l'enfer; pour ses vices, il n'a point d'égal dans le monde. Il ne peut-être surpassé en malice et en corruption que par l'Antechrist qui aura de plus la puissance et la science. Il en est une image frappante.

Les quatre vices dominants « de l'Homme de péché » seront donc l'orgueil, l'esprit de haine, le despotisme et la luxure.

§ I. — SON ORGUEIL.

Les empereurs romains, à l'imitation des rois

de Ninive et de Babylone, se faisaient adorer des peuples et plaçaient leurs propres statues à côté de celle de Jupiter dans le Capitole, afin que, en offrant de l'encens au maître des dieux, les prêtres des idoles eussent le soin d'en offrir aussi au génie de l'empereur.

L'Antechrist n'aura point cette modestie. Partager les honneurs divins avec les habitants de l'Olympe, c'était jusqu'alors le maximum d'orgueil qui eut apparu dans le monde. S'égaler à la Divinité! Satan lui-même n'avait point osé dépasser cette hauteur d'ambition à l'époque de sa révolte dans le ciel. Il avait dit seulement dans sa superbe : « J'élèverai mon trône au-dessus des astres de Dieu et je serai semblable au Très-Haut. *Super astra Dei exaltabo solium meum,... similis ero altissimo* (1). » Mais dans la personne de l'Antechrist il fera son dernier pas pour monter sur le plus haut faîte qu'il fût contraint de respecter alors. « Le fils de perdition » ne se bornera point à vouloir s'égaler à Dieu ; il prétendra s'exalter au-dessus de lui, ou plutôt il osera se mettre à la place de Dieu, en cherchant à démontrer qu'il n'y a point d'autre Dieu que lui-même.

(1) Prophétie d'Isaïe, chap. XXIV, v. 13 et 14.

C'est ce que nous apprend, en termes fort clairs, saint Paul dans l'Epître que nous avons déjà citée : « L'homme de péché, dit-il, s'opposant à Dieu, s'élèvera au-dessus de tout ce qui est appelé Dieu ou de ce qui est adoré, jusqu'à s'asseoir dans le temple de Dieu, voulant lui-même passer pour Dieu (1). » Paroles effrayantes et que les commentateurs ont expliquées comme nous venons de le faire, en disant : L'Antechrist s'élèvera au-dessus de tous les faux dieux des nations; il détruira par conséquent tout culte, l'idolâtrique aussi bien que le légitime, afin qu'il n'y ait que lui seul qui soit adoré comme Dieu et comme Christ en même temps ! Il s'asseoira tantôt en personne et tantôt par l'intronisation de ses statues dans les temples et surtout dans nos églises catholiques, pour y recevoir seul l'encens et le culte de latrie de la part des hommes (2).

Ce sera seulement alors et par ces adorations sacriléges que se vérifiera pleinement, en leur race, cette insolente prophétie du Serpent antique à nos premiers parents : « Vous serez comme des dieux, sachant tout, le bien et le mal ; *eritis sicut Dii, scientes bonum et malum* (3).

---

(1) IIe Epître aux Thes., chap. II, v. 4. — (2) *Ita Péquigny. Estius, Cornelius a Lapide.* — (3) Genèse, chap. III, v. 5.

§ II. — SA HAINE.

« Dieu est essentiellement amour, *Deus charitas est* (1). » Le démon qui s'est constitué l'adversaire de son Créateur a pour fond la haine. Or l'Antechrist sera son image vivante et parfaite. L'esprit de haine habitera en lui comme en son séjour le mieux approprié. Il infectera d'un mortel venin ses sentiments et ses actes. Il se manifestera contre toutes choses, mais premièrement contre Dieu le père ; secondement contre Jésus-Christ, son Fils, et enfin contre les hommes qu'ils ont daigné créer et racheter avec tant de miséricorde.

Contre Dieu d'abord. A l'exemple de l'esprit de ténèbres, son inspirateur, l'Antechrist concevra une effroyable jalousie vis-à-vis de ce grand Dieu, Créateur et Maître du ciel et de la terre. Il enviera son éternité, son infinie grandeur, sa science, sa toute-puissance. Ce ne sera que de sa justice et de sa bonté qu'il n'aura point souci d'être jaloux. Car ces deux ineffables attributs, son âme perverse en concevra instinctivement une si étrange aversion qu'il n'aura pas même l'idée de les envier ; il ne songera qu'à les haïr

---

(1) Ire Epître de saint Jean, chap. IV, v. 16.

et détester de toutes ses forces. Cependant, contraint de reconnaître qu'il ne pourra jamais atteindre à ces autres perfections divines et incommunicables qu'il envie, « il entrera alors en fureur, il grincera des dents, il séchera de rage, *peccator videbit et irascetur, dentibus suis fremet et tabescet* (1); » et il vouera en même temps une haine farouche à cet être infini, placé à une si grande hauteur au-dessus de lui.

Nous empruntons ici les paroles du psaume CXI[e]; car, selon quelques auteurs, c'est l'Antechrist ou l'Homme de péché qu'avait en vue le prophète royal, lorsqu'il décrivait l'état forcené du pécheur en révolte ouverte contre le Seigneur et follement jaloux de l'éclat de sa gloire.

Veut-on avoir une véritable idée de cette haine extravagante de l'Antechrist contre Dieu? Qu'on descende quelquefois en esprit dans l'enfer et qu'on prête l'oreille durant quelques instants, s'il est possible, aux blasphèmes et aux imprécations des démons et des damnés contre le souverain Maître dont la main les enchaîne dans un supplice affreux et éternel.

C'est cette passion de haïr, encore plus peut-être que son orgueil, qui excitera « le fils de

---

(1) Ps. III, v. 12.

perdition » à travailler avec une activité inconcevable à détruire le culte, l'amour, le service et le nom même de Dieu sur la terre.

Haine contre Jésus, Fils de Dieu. Que le lecteur veuille bien encore jeter un regard en arrière sur l'histoire de l'Eglise vers la dernière moitié du quatrième siècle ; il y verra le court règne de Julien l'Apostat, l'un des plus fameux précurseurs de l'Antechrist.

Qu'est-ce qui animait et inspirait les paroles et les actions de cet astucieux persécuteur du catholicisme ? C'était une haine implacable contre Notre-Seigneur, contre son nom, son Evangile, sa croix, son culte, ses amis et surtout contre sa personne sacrée ; haine qui par contre lui faisait aimer et protéger de toutes manières et en toute occasion ce qui était le plus radicalement opposé à Jésus-Christ, le culte des idoles, la magie, la superstition, les faux philosophes, les Juifs et les païens.

Le siècle dernier a produit un autre homme en qui cette haine de Notre-Seigneur n'était pas moins vive. Par son infatigable plume, continuellement trempée dans le fiel et le blasphème, il a fait à l'empire de Jésus-Christ encore plus de mal et de ruines que Julien l'Apostat. Car si celui-ci posséda la puissance matérielle, il ne put l'employer longtemps au service de sa haine, son règne ayant été heureusement fort court.

Et cet ennemi acharné de Jésus, dans ces derniers temps, c'est Voltaire, comme le lecteur l'a déjà nommé ; Voltaire qui était ridiculement jaloux de la renommée et de la célébrité du Christ, qui bafouait ses ministres, travestissait sa parole sainte, profanait son plus auguste sacrement, qui raillait, mentait, écrivait dans l'unique but d'anéantir son culte et sa morale, sa religion et son Eglise qu'il osait qualifier *d'infâmes*. S'il avait eu dans sa main la moitié ou le quart seulement de l'empire de Julien, son prédécesseur et confrère en rage anti-chrétienne, il aurait certainement exterminé le catholicisme, au cas où la justice de Dieu ne l'eut point arrêté dans sa guerre déloyale et atroce ; et il n'aurait laissé rien à faire à ses dignes fils et disciples, les grandioses scélérats de 93.

Que l'on suppose fondus en un seul homme ces deux fameux renégats de la foi chrétienne, l'un si puissant par la force matérielle dont il disposait, et l'autre par l'influence de l'esprit infernal qui l'obsédait ; et alors l'on pourra se former une idée des proportions monstrueuses de la haine qui dévorera l'âme de l'Antechrist par rapport à Jésus, le fils de Dieu. Cet homme vraiment *possédé* du démon réunira et condensera en son cœur tous les poisons haineux qui ont fermenté et bouillonné depuis dix-huit siècles chez les ennemis innombrables de Notre-Seigneur.

Voilà pourquoi il s'acharnera principalement à l'extermination de la religion et de l'Eglise catholique qu'il saura fort bien être la seule vraie religion et la seule véritable Eglise du divin Rédempteur. Il ne fera pas autrement que tous les impies qui l'ont précédé. Divisés entre eux le plus souvent jusqu'à s'entre-dévorer, ils ont néanmoins montré toujours le plus touchant accord à maudire et à persécuter le catholicisme, et principalement son auguste chef, notre Saint-Père le pape, le vicaire de Jésus-Christ et la pierre fondamentale de son grand édifice spirituel en cette terre.

Ceux de nos jours, ces révolutionnaires qui lèvent si fièrement la tête et font de si ridicules parades de leur amour prétendu de la liberté, nous exibent une curieuse reproduction de leurs devanciers, en mettant chaque semaine, pour ne pas dire chaque jour, en pratique leurs systèmes surannés d'outrage et d'oppression. Tous ces fauteurs de désordre, tous ces suppôts de l'enfer, de quelque nom qu'ils s'appellent et en quelque pays qu'ils aient pris naissance, Anglais, Français, Italiens, Allemands, Turcs et Chinois, faux catholiques, hérétiques, schismatiques, rationnalistes, idolâtres et fétichistes, tous semblent obéir au même mot d'ordre, pour ébranler, avilir et bafouer les dogmes, le culte, la hiérarchie, la tête du catholicisme ; parce que le catholicisme, c'est la plus pure doctrine de Jésus, l'unique religion qu'il a apportée du ciel, la seule véritable société spirituelle qu'il a établie pour perpétuer le salut des âmes jusqu'à la consommation des siècles. A l'exemple de leurs ancêtres de si triste mémoire, se combattant quelquefois entre eux en adversaires implacables, ces esprits dévoyés et pervertis ne s'accordent ordinairement que sur un seul point : attaquer la personne adorable de Jésus en s'efforçant de ruiner par tout moyen la foi de ses disciples.

Nous disons que l'Antechrist ne suivra pas un autre plan de conduite que le leur, parce qu'ils sont ses représentants, ses éclaireurs, ses pionniers et probablement ses prédécesseurs immédiats. Il sera donc le chef des révolutionnaires ; il les organisera, les comblera de richesses et d'honneurs, comme nous l'avons déjà dit, leur promettant en outre la destruction et le pillage de tout ce qui appartiendra au parti de la justice et de l'ordre, qui est uniquement celui de Jésus-Christ. Courbés sous la main de fer de leur élu jusqu'à ramper devant son trône et lui lécher les pieds, ils l'aideront de toutes leurs forces, parce qu'ils apercevront en lui concentrée et armée d'un pouvoir immense leur haine diabolique « contre le Seigneur et contre son Christ, *adversus Dominum et adversus Christum ejus* (1). »

Sa haine vis-à-vis des hommes. L'amour du prochain a son fondement et sa base sur l'amour de Dieu et de son fils incarné. Celui qui aime Jésus descendu des cieux pour sauver les hommes, aime aussi les hommes rachetés de son sang. Celui, au contraire, qui hait Jésus fait semblable aux hommes, hait aussi les hommes devenus par sa grâce ses frères et ses enfants.

Les impies et les révolutionnaires prêchent bruyamment la fraternité ; ils se vantent d'être

(1) Ps. II, v. 2.

les sincères amis de l'humanité. Ce sont d'impudents menteurs. Ils s'aiment eux-mêmes, voilà tout. Savez-vous ce qu'ils veulent faire des hommes? autant de piédestaux à leur propre usage pour arriver plus promptement et plus sûrement à la célébrité, à la richesse, aux honneurs et au pouvoir. Il y a près de soixante et dix ans que nous les avons vus à l'œuvre. La fraternité, l'égalité! disaient-ils, écrivaient-ils, proclamaient-ils de toutes parts. Et en même temps ils envoyaient par centaines chaque jour à l'échafaud leurs concitoyens, coupables seulement de ne pas s'être souillés de leurs vices et de ne pas approuver leurs crimes.

Telle et plus violente encore sera la haine de l'Antechrist contre les hommes. Ce sera celle d'un Couthon, d'un Marat, d'un Robespierre élevée à la dixième puissance. Il les méprisera; il les tyrannisera; il les foulera aux pieds comme de la boue; il les fera périr par centaines de mille sur chacun de ses nombreux champs de bataille. Et quand il aura atteint le sommet de ce pouvoir universel et absolu qu'il recherche, il les enverra indistinctement et quotidiennement mourir par milliers dans ses cachots ou sur ses innombrables échafauds. La háine de l'homicide Satan qui, depuis Adam et Eve, s'est exercée sur leur race par de si cruelles effusions de sang, se résumera en l'âme féroce de son cher fils l'Antechrist, afin de renouveler en un très-court espace de temps les barbaries éparses de plus de soixante siècles et de s'exhaler enfin pour toujours par un suprême et dernier effort de ruine, de violence et de carnage. C'est ce que nous allons voir dans les pages suivantes.

§ III. — SES INJUSTICES ET SES INSTINCTS FÉROCES.

Si vous rencontrez un homme dont l'esprit soit enivré d'un orgueil indomptable et le cœur dévoré d'une haine violente et invétérée, sachez qu'il sera en même temps injuste et cruel. Et s'il se trouve alors muni d'une grande puissance, sachez de plus qu'il remplira le monde de ses injustices et de ses cruautés.

Les conquérants, d'après l'histoire, ont cela de remarquable ; c'est d'avoir plus que les autres hommes foulé la justice aux pieds. On peut les appeler des voleurs et des meurtriers à proportions gigantesques. Qui pourrait connaître et raconter le nombre des vols, des rapines, des incendies, des mutilations, des meurtres, des pillages, des assassinats, enfin des attentats de tout genre qui ont été commis durant les expéditions, par exemple, d'Alexandre, de César, de Napoléon Ier ! Quel mépris de la propriété, du bien-être et de la vie des hommes chez tous ces ravageurs de provinces et de royaumes ! Or l'Antechrist sera le plus fameux des conquérants et sa domination la plus vaste des siècles. La prédiction en est claire et formelle. « Toute la terre suivit la Bête ; la puissance lui fut donnée sur toute tribu, sur tout peuple, sur toute langue et sur toute nation. *Data est illi potestas in omnem tribum, et populum, et linguam, et gentem* (1). » Aussi commettra-t-il l'injustice et le brigandage sous toutes les formes. Il se baignera dans le sang et en arrosera tous les pays du monde.

Le grand dominateur des temps modernes, dans une discussion avec un célèbre diplomate qui lui représentait qu'un traité de paix lui épargnerait l'effusion du sang de plus de deux cent mille soldats de ses armées, disait : « Je me soucie bien vraiment de deux cent mille hommes ! » L'Antechrist fera encore moins de cas de

---

(1) Apocalypse, chap. XIII, v. 3 et 7.

la vie humaine. Regardant les hommes comme ses esclaves, il se servira d'eux de toutes manières et les sacrifiera en toutes circonstances à son ambition, aux calculs de sa politique, à ses caprices féroces (1).

D'après les docteurs chrétiens, les affreuses persécutions de l'impie Antiochus contre le peuple de Dieu ; celles de Néron et de Dioclétien contre les chrétiens ont été les images et les annonces de la guerre d'extermination que fera contre l'Eglise catholique l'Antechrist, le plus abominable des tyrans.

Qu'on relise donc le premier Livre des Machabées, qui rapporte les horribles supplices que le roi de Syrie fit souffrir aux Juifs. Rappelez-vous aussi les barbares décrets des deux empereurs romains que nous venons de nommer ; et vous aurez un tableau anticipé des atrocités que décrétera et consommera « l'Homme d'iniquité » dans l'exécution de son dessein d'exterminer la chrétienté tout entière. «Mais, ajoute le vénérable Holzhauser, persuadez-vous bien qu'en tout cela vous ne trouverez que l'ombre ou la figure de ce qui se passera sous le règne de l'Antechrist. De là ce passage de l'Evangile selon Saint-Matthieu : « La tribulation alors sera grande ; elle

(1) Voyez la note 3 à la fin du volume.

sera telle qu'il n'y en a pas eu depuis le commencement du monde jusqu'à présent et qu'il n'y en aura jamais. *Erit enim tunc tribulatio magna, qualis non fuit ab initio mundi usque modò, neque fiet* (1). » Cette persécution différera surtout des précédentes en ce qu'elle sera la plus cruelle et la plus étendue, et qu'il s'y fera une incroyable séduction des hommes par des prodiges capables « de surprendre les élus même, s'il est possible. » De plus elle surpassera toutes les précédentes par la défection de presque tout l'univers ; et cela, à cause des supplices raffinés, les plus longs et les plus douloureux qui puissent être imaginés. Les hommes en seront terrifiés ; et ce sera pour s'y soustraire qu'ils sacrifieront en foule leurs âmes en adorant la Bête (2). » Et ces paroles du pieux auteur sont le développement de la pensée de tous les commentateurs de l'Ecriture sainte et de tous les docteurs ecclésiastiques qui donnent constamment à l'Antechrist les trois épithètes « d'homme le plus impie, le plus cruel et le plus scélérat qui ait paru sur la terre, *impiissimus, crudelissimus, sceleratissimus.* »

---

(1) Evang. selon saint Matthieu, chap. 24, v. 21.
(2) Explication de l'Apocalypse, liv. vi, sect. Ire.

§ IV. — SA LUXURE.

Nous voyons dans l'histoire des peuples que presque tous leurs tyrans se sont brutalement livrés aux passions honteuses de la chair. D'autre part, la luxure est certainement de tous les vices celui qui pousse le plus fortement ses esclaves à l'abus de la force, à l'injustice, aux actes tyranniques et barbares. C'est encore l'expérience qui nous prouve cette réciprocité d'effets, en constatant l'étroite alliance du vice impur avec la tyrannie. Il est inutile de citer ici des noms propres, ils reviendront aisément à la mémoire du lecteur, pour peu qu'il ait feuilleté les annales du monde.

L'Antechrist devant être le plus cruel des tyrans, sera aussi, en punition de son orgueil, abandonné aux plus infâmes passions. Mahomet et ses sectaires sont les types et les avant-coureurs de ce Fils de la perdition, puisque, comme nous l'avons dit, il naîtra d'eux très-probablement, qu'il reconstituera leur empire et fera revivre leurs lois et leurs coutumes anti-chrétiennes. Or Mahomet qui n'avait pour nourriture ordinaire que des dattes et de l'eau, et n'y ajoutait parfois qu'un peu de lait et de miel, avouait néanmoins « qu'il aimait beaucoup les femmes et les parfums ; » et ses sectateurs dans tous les temps ont eu aussi, à son exemple, cette double inclination sensuelle. L'Antechrist se livrera donc à d'incroyables déportements de mœurs. C'est ce qu'a prédit de lui le prophète Daniel dans ce verset : « Il n'aura aucun égard au dieu de ses pères ; il sera dans la passion des femmes ; il ne se souciera de quelque dieu que ce soit, parce qu'il s'élèvera contre toutes choses ; *Deum patrum suorum non reputabit ; et erit in concupiscentiis feminarum, nec quemquam deorum curabit, quia adversum omnia consurget* (1). »

Deux savants commentateurs, expliquant ces paroles, disent qu'autrefois l'impie Antiochus, au rapport de saint Jérôme, s'abandonnait aux prostituées publiquement et sous le regard de ses peuples indignés. Or l'Antechrist fera de même et permettra de plus, par une loi générale, à ses sujets non seulement la pluralité, mais la communauté des femmes. Cette passion ne l'empêchera pas néanmoins de persécuter les personnes du sexe qui tiendront à la religion et à l'honneur, de les accabler d'ignominies et de

---

(1) Prophétie de Daniel, ch. xi, v. 33.

les faire périr au milieu des plus cruels tourments, aussi bien que les hommes qui refuseront de se courber sous son joug abominable.

Et c'est sans doute à cause du hideux spectacle de ses exécrables débauches qu'il est désigné par Daniel et saint Jean sous cette flétrissante qualification : la Bête, *Bestia*. La luxure est en effet une habitude dégradante et bestiale qui fait semblable aux brutes quiconque s'y abandonne. *Sicut equus et mulus quibus non est intellectus* (1) (2).

CHAPITRE V

Séduction des peuples par l'Antechrist.

Les actes qui sont ou paraissent être au-dessus des forces de la nature humaine dans son état actuel d'infirmité ont toujours eu le don d'attirer les hommes et de porter en eux la conviction et la confiance.

Dieu s'est réservé le monopole des vrais miracles, c'est-à-dire de ces actes prodigieux qui sont de réelles dérogations aux lois ordinai-

(1) Ps. xxxi, v. 9. — (2) Voyez la note 4 à la fin du volume.

res qu'il a établies dans le monde des esprits et des corps. Et il les opère soit directement et par lui-même, soit par l'entremise de ses plus dévoués serviteurs, dont il veut honorer la fidélité constante envers lui et accréditer la mission parmi leurs frères.

Le Démon, cet infernal singe de la Divinité, s'est toujours essayé à faire des prodiges. Mais ne pouvant déroger aux lois naturelles qu'il n'a pas faites et qui par conséquent ne sauraient s'abaisser devant lui, ni suspendre leur effet à son commandement, il emploie toute sa puissance et toute sa science, qui sont incomparablement plus grandes que les nôtres, pour opérer, quand Dieu le lui permet, des faits prodigieux qui troublent ou du moins paraissent troubler l'ordre naturel des choses et constituent à nos yeux des actes surnaturels et surhumains. Afin de ressembler à Dieu jusqu'au bout, ces opérations extraordinaires il les accomplit tantôt directement et en personne, et tantôt par l'intermédiaire de ses suppôts, desquels il veut, lui aussi, appuyer les efforts de séduction auprès des âmes qu'il s'agit de détacher du service divin et d'enrôler sous sa propre bannière.

Nous sommes forcés de reconnaître avec une

vive douleur que ces miracles mensongers ont toujours produit de très-malheureux résultats parmi les hommes, chez lesquels la vraie foi en Dieu, étant nulle ou défaillante, n'a point opposé son bouclier aux traits perfides de leur ennemi.

Qu'il nous suffise de citer ici, en passant, l'exemple des Mages ou devins d'Egypte qui séduisirent Pharaon et toute sa cour par leurs enchantements diaboliques ; celui de Simon le Magicien qui, du temps des apôtres, en opérant par l'assistance du démon des actes merveilleux, entraînait à sa suite toute la ville de Rome. Quelques siècles plus tard, Appollonius de Thyane n'était-il pas consulté et révéré comme un Dieu dans toute l'Asie à cause de ses opérations mystérieuses et d'une apparence surnaturelle. Le fameux Cagliostro, à la fin du dernier siècle, par ses prestiges et l'adresse de ses impostures, n'avait-il pas réussi à faire accroire aux trois quarts des esprits forts de Paris qu'il était un personnage extraordinaire et digne d'être écouté dans tous ses discours ? Enfin de notre temps, et tout récemment, n'a-t-on pas vu les classes qui se disent les plus éclairées en Europe et en Amérique s'engouer des tables parlantes et donner pleine créance aux signes et aux paroles des esprits frappeurs?

Ce qui s'est fait par le passé, comme conséquence de la force d'attraction et de persuasion qu'exerce tout acte merveilleux sur l'esprit humain, nous donne une idée de l'étonnante séduction qu'exercera l'Antechrist, lorsqu'il se montrera au monde investi du pouvoir que possède le prince des Anges déchus, soit sur les facultés de l'homme, ou les éléments de la nature matérielle.

Trois ou quatre versets dans l'Apocalypse nous indiquent suffisamment l'immense multitude de ses adhérents. Les voici : « Et il lui fut donné (à la Bête) une bouche qui proférait de grandes choses et des blasphèmes ; et elle reçut le pouvoir universel durant quarante-deux mois. Elle ouvrit sa bouche pour blasphémer contre Dieu, contre son nom, son tabernacle, et les saints qui y habitent, et il lui fut donné de faire la guerre aux saints et de les vaincre ; et la puissance lui fut donnée sur toute tribu et tout peuple, sur toute langue et toute nation. Et alors l'adorèrent tous les habitants de la terre, dont les noms ne sont point écrits dans le Livre de vie de l'Agneau qui a été immolé dès l'origine du monde (1). »

(1) Apocalypse, ch. XIII, v. 5 et suiv.

Ainsi donc, au moyen des choses grandes, admirables, mystérieuses et élevées au-dessus de l'intelligence humaine que dira et fera l'Antechrist, il corrompra toutes les nations et les amènera insensiblement à croire que la Divinité réside en lui et qu'il est le véritable Messie, fils de Dieu, promis autrefois à nos pères comme Rédempteur du monde. Les élus eux-mêmes seront comme ébranlés ; et la séduction « des miracles et des prodiges qu'ils verront de leurs yeux s'opérer à l'appui de l'erreur et du mensonge, les entraînerait comme les autres, si cela pouvait se faire ; *Et dabunt signa magna et prodigia, ita ut in errorem inducantur (si fieri potest) etiam electi* (1), » dit Notre-Seigneur dans l'Evangile. Mais prédestinés au ciel, la grâce du Sauveur les gardera et fortifiera au milieu des plus violentes persécutions ; ils préféreront le martyre et la mort à l'apostasie qu'ils verront, avec une incroyable douleur, partout honorée, partout triomphante.

Pour nous faire une idée vraie des terribles angoisses qui accableront alors les véritables amis de Dieu et les fidèles disciples de Jésus-Christ son fils, réfléchissons seulement durant

(1) Evang. selon saint Matthieu, ch. xxiv, v. 24.

quelques minutes aux maux qu'eurent à souffrir les élus du Seigneur sous Antiochus, Dioclétien, Julien l'Apostat, le gouvernement de la Terreur et les autres précurseurs de l'Antechrist.

Quand Antiochus et ses satellites détruisaient et saccageaient tout dans la Judée, qu'ils profanaient le temple de Jérusalem, qu'ils massacraient sans pitié les prêtres et les Lévites, les vieillards et les jeunes hommes, les vierges, les femmes et les enfants ; si ce prince, en outre de ses menaces et de ses supplices, pour détourner du vrai culte de Dieu, eut fait personnellement des prodiges extraordinaires en preuve de l'illégitimité de ce culte qu'il prohibait avec tant de rigueur ; je vous le demande, quelle horrible tentation pour Éléazar, pour la mère des sept Machabées, pour tous les fidèles observateurs de la loi divine ! quels tourments pour l'esprit ! quels abattements pour le cœur ! quelles tortures !

Quand Dioclétien et ses barbares collègues Maximien, Galère, Maximin mettaient partout en exécution leur abominable décret d'extermination contre le nom chrétien dans l'empire ; et que de toutes parts les bûchers, les chevalets, les prisons, les bourreaux, le fer, la flamme et les charbons ardents étaient employés à faire souffrir les généreux athlètes de la foi chrétienne ; si alors ces cruels persécuteurs, voyageant dans leurs provinces et faisant brûler l'encens devant leurs personnes et leurs statues, avaient ajouté au poids de leur force matérielle l'autorité morale d'actes merveilleux et surhumains ; je le demande encore, comment décrire l'état de stupeur, d'abattement, de consternation et de désespoir des chrétiens à ce spectacle d'événements prodigieux, opérés en preuve de l'inanité de leurs croyances ?

Faisons la même réflexion sur la politique astucieuse et cruelle de Julien l'Apostat au quatrième siècle et sur le gouvernement des hommes de la Terreur qui couvrirent notre pays de ruines et de sang, dans le dessein hautement proclamé de substituer au catholicisme le règne de la fausse philosophie et au culte du vrai Dieu celui de la déesse Raison. Si Julien et ses ministres, si Robespierre et ses collègues, possédant alors le don des miracles, en eussent opéré un très-grand nombre aux yeux des peuples pour prouver leurs droits et les torts de nos pères, quelles défaillances et quelles épouvantes chez les âmes vraiment élues ! quelles séductions et quelles apostasies chez les autres! il serait impossible de les raconter. Y penser seulement me fait frémir.

Nous avons aujourd'hui sous les yeux un commencement et comme un spécimen de cette inconcevable séduction que l'esprit de ténèbres opérera sur les âmes aux approches de l'Antechrist, son séide fidèle. Voyez en Italie le droit des gens indignement méconnu, le brigandage organisé sur la plus vaste échelle, des princes inoffensifs attaqués sans déclaration de guerre, des populations soulevées sans motifs valables contre leurs souverains légitimes, le pape outragé et spolié par la plus sacrilége violence!

Or n'y a-t-il pas une foule d'esprits en Europe et en France, qui, perdant les véritables notions du droit et de l'équité, non seulement ne s'indignent pas contre de tels attentats, mais les approuvent et les encouragent, croyant se renfermer dans le vrai, s'imaginant travailler pour le bien, « pensant, en un mot comme ces persécuteurs prédits par l'Evangile, rendre gloire et service à Dieu » en reniant et en foulant aux pieds les lois réputées jusqu'à nos jours les plus sacrées de la conscience, de la justice et de l'honneur ? *Sed venit hora ut omnis qui interficit vos, arbitretur se obsequium præstare Deo* (1).

CHAPITRE VI

Du grand docteur, complice et ministre de l'Antechrist.

On lit au treizième chapitre de l'Apocalypse ces versets vraiment remarquables, desquels on ne peut s'empêcher d'être vivement frappé, non seulement quand on les lit pour la première fois, mais encore et surtout lorsqu'on en médite profondément le sens. « Et je vis une autre Bête s'élever de la terre. Elle avait deux cornes semblables à celles de l'agneau ; elle parlait comme le dragon, et elle exerçait toute la puissance de la première Bête en sa présence. Et elle fit que la terre et ceux qui l'habitent adorèrent la première Bête. Elle fit de grands prodiges jusqu'à faire tomber le feu du ciel sur la terre devant les hommes. Et elle séduisit les habitants de la terre par les prodiges

(1) Evang. selon saint Jean, chap. xvi, v. 2.

qu'elle eut le pouvoir de faire en présence de la Bête. Il lui fut donné de pouvoir animer l'image de la Bête et de la faire parler, et de faire tuer tous ceux qui n'adoreraient pas l'image de la Bête (1). »

La première tendance de notre esprit, à cette lecture, c'est de croire que le prophète a désigné par ces paroles un grand et puissant auxiliaire que l'Antechrist aura sous sa main et qui contribuera considérablement à la formation de son empire universel. Et cette pensée s'affermit en nous par la méditation et l'examen.

Au reste, en cela nous sommes d'accord avec la plupart des interprètes, qui diffèrent entre eux seulement sur la question de savoir quel sera ce redoutable coopérateur. Un petit nombre, à la tête desquels se place naturellement Bossuet, estime que saint Jean avait voulu désigner une doctrine, un enseignement, un système religieux venant au secours « de la première Bête, *prioris Bestiæ*, » et l'aidant à persécuter à outrance le Christianisme et les chrétiens.

Poursuivant sa méthode d'explication de l'Apocalypse et se croyant autorisé à voir Dioclétien sous les traits de la première Bête, Bossuet

---

(1) Verset 2 et suivants.

prétend que la philosophie ecclectique et idolâtrique des Plotin, des Porphyre, et des autres chefs de l'école d'Alexandrie, était indiquée à l'avance sous la forme de la seconde Bête. Mais disons en passant que le système inventé par le grand évêque de Meaux pour expliquer le mystérieux Livre du nouveau Testament est généralement abandonné, aujourd'hui surtout que nous a été donnée l'expérience de deux siècles de plus, que nous avons vu en outre les premières œuvres de la Révolution, et que nous contemplons encore sa marche et ses progrès, qui vont s'accroissant de jour en jour et préparent évidemment les voies à l'empire universel de l'Antechrist.

Le plus grand nombre des auteurs croit donc et affirme que l'Ecrivain sacré désignait, dans les versets qu'on vient de lire, un homme renommé pour sa science, ses écrits et sa haute situation sociale, qui deviendra comme le premier ministre du monarque impie, et emploiera toute son influence à lui amener des partisans et des adorateurs. Nous ne citerons ici que le docte Gagnée et le vénérable Holzhauser, dont le lecteur pourra consulter les savants commentaires.

L'on peut très-bien accorder ces deux sentiments, ou plutôt les admettre tous les deux, en disant que ce collaborateur de l'Antechrist sera réellement un homme. Et cet homme, fameux par l'étendue de son esprit et l'immensité de son savoir, s'étant placé à la tête de l'école philosophique et révolutionnaire, c'est-à-dire du socialisme, déterminera, par ses discours et son propre exemple, d'abord ses nombreux disciples et puis par eux les masses du peuple à croire en son auguste Maître, à le servir et à l'adorer comme le vrai Messie, le véritable Verbe fait chair, le grand Libérateur promis aux nations dès le commencement du monde.

Mais expliquons un peu plus au long les traits divers sous lesquels l'auteur sacré nous annonce cet apôtre de l'erreur.

L'Antechrist « s'était élevé de la mer, *ascendebat de mari* » c'est-à-dire très-probablement des régions orientales, pour fondre sur l'Europe séparée de l'Asie par la Méditerranée et ses vastes golfes. Mais le faux prophète s'élevera de la terre, « *vidi aliam bestiam ascendentem de terrâ* », parce qu'il prévaudra sur la terre antique et foncièrement religieuse de l'Europe. Ce sera donc un chrétien apostat qui foulera aux pieds le caractère sacré de son baptême. Il assemblera tous les faux philosophes, tous les révolutionnaires, et, d'après l'opinion d'Holzhauser, tous les Juifs qui seront nombreux et puissants en cette époque ; et il fera de tous ces sectaires un parti compacte et formidable. Selon le même auteur, après avoir proclamé l'Antechrist monarque universel et l'oint de Dieu, ce premier Lieutenant de « l'Homme de perdition », envahira les Etats de l'Eglise avec une grande armée, occupera le Siége apostolique, mettra en prison et puis à mort le vrai pape, le légitime successeur de saint Pierre et versera à flots le sang des fidèles chrétiens, surtout des évêques et des prêtres.

Alors l'Eglise, privée de son chef et de ses guides, tombera dans une désolation inexprimable. Il en sera comme au temps de la passion de Notre-Seigneur ; et peut-être le divin Maître faisait-il allusion à cette dernière et extrême affliction de son Eglise, quand il dit prophétiquement à ses disciples : « Il est écrit : je frapperai le pasteur, et les brebis seront dispersées ; *scriptum est enim : percutiam pastorem et dis pergentur oves gregis* (1). »

(1) Evang. selon saint Matthieu, ch. xxvi, v. 31.

L'Evangile affirme à plusieurs reprises « touchant Jésus de Nazareth qu'il était un prophète puissant en œuvres et en paroles devant Dieu et devant le peuple, *De Jesus Nazareno qui fuit propheta potens in opere et sermone coram Deo et omni populo* (1). » C'est par ces deux puissances en effet, que Notre-Seigneur a combattu les Juifs et triomphé des nations. Le faux prophète possédera aussi ces deux grands leviers. Il s'en servira pour soulever, agiter et entraîner à sa suite « les habitants de la terre. » Il les aura reçus du démon qui lui communiquera toute son habileté dans l'art de séduire les âmes.

Jésus, en prêchant son Evangile, avait ordinairement recours, pour convaincre ses auditeurs, d'abord aux témoignages de la loi et des prophètes ; et puis il faisait des miracles pour confirmer sa doctrine, en ajoutant : « Si vous ne croyez point à ma parole, croyez du moins à mes œuvres ; *et si mihi non vultis credere, operibus credite* (2). » Le docteur apostat se servira aussi des preuves de l'Ecriture, de la Tradition et de la raison pour combattre la foi en Jésus-Christ. Au moyen de ces trois grands chefs

---

(1) Evang. selon saint Luc, ch. XXIV, v. 19.
(2) Evang. selon saint Jean, ch. X, v. 38.

d'arguments, qu'il revêtira des formes les plus captieuses, il persuadera aux peuples que le Christ n'est venu qu'en ces jours-là et non point à l'époque reculée où les chrétiens ont jusqu'ici placé son avénement. Et cette abominable assertion, il la confirmera par de si nombreux et de si étonnants prodiges que la plupart des chrétiens eux-mêmes, se laissant prendre à ce scandale, déserteront en foule le parti de Jésus-Christ et renieront son nom adorable.

Ce premier ministre de l'Antechrist sera véritablement animé du même esprit et revêtu de la même force que son maître, dont il baisera les pieds et exécutera ponctuellement les ordres. Son zèle pour la gloire de son horrible chef sera immense ; et il réussira non seulement à le faire partout craindre et respecter, mais encore aimer et adorer. Il poussera la flatterie envers lui jusqu'à placer son image et ses statues dans toutes les églises, temples et chapelles. Il les élèvera sur les autels dont il aura renversé les tabernacles ; et ces statues faites avec l'or et l'argent des vases sacrés, opéreront, par la vertu de Lucifer habitant en elles, des signes et des oracles, comme si elles étaient vivantes. Et c'est de la sorte que se réalisera « l'abomination de la désolation dans le lieu saint, » prédite si formellement par Notre-Seigneur au chapitre XIVᵉ de l'Evangile selon saint Matthieu.

Nous prions instamment le lecteur de ne point nous taxer ici d'exagération ni de témérité. Tout ce que nous venons de dire, on peut très-bien, ce nous semble, le conclure de ces expressions que nous avons déjà citées : « Cette Bête aura deux cornes semblables à celles de l'Agneau, » c'est-à-dire qu'elle imitera les discours et singera les actes de Jésus, le divin Agneau immolé pour nous. « Elle parlait comme le dragon et elle exerçait tout le pouvoir de la première Bête en sa présence, » c'est-à-dire que le prince des ténèbres lui communiquera sa puissance aussi bien qu'à l'Antechrist son maître. « Et elle fit adorer par la terre et par ceux qui l'habitent la première Bête, » c'est-à-dire que, soit par la force des armes, soit par la persuasion, elle engagera les nations à lui rendre un culte d'adoration et de prière. « Et ayant ordonné de faire l'image de la Bête, elle donna l'esprit à cette image et la fit parler ; » c'est-à-dire évidemment que ces idoles feront des mouvements et rendront des oracles, comme si elles avaient réellement l'animation, l'intelligence et la parole.

Ce sentiment nous est commun avec plusieurs commentateurs. Nous n'aurions jamais eu la hardiesse de l'émettre et de le soutenir nous tout seul. En résumé, la Révolution dirigée par un homme doué d'une grande éloquence et armé d'un vaste pouvoir, viendra en aide à l'Antechrist et contribuera considérablement à le faire asseoir sur le trône du monde. C'est ce que signifie cette apparition de la seconde Bête proclamant la nécessité pour tous les hommes d'adorer uniquement la première. Nous avons déjà parlé de cette entente cordiale des révolutionnaires avec le futur tyran de l'Europe. Nous n'entrerons point pour le moment dans d'autres détails à ce sujet.

CHAPITRE VII

Gouvernement tyrannique de l'Antechrist.

Le plus malhonnête et le plus arbitraire des gouvernements que la Providence divine ait tolérés pendant quelque temps en ce monde, c'est, sans nul doute, celui de la Terreur. Il a duré peu d'années. Mais durant ce court intervalle, que de crimes n'a-t-il pas commis ? que de flots de sang n'a-t-il pas répandus ? que de bouleversements n'a-t-il pas causés ? que de lois sauvages n'a-t-il pas portées et exécutées ? que de victimes il a entassé dans ses prisons innombrables, et que de têtes innocentes il a fait tomber sur ses échafauds dressés de toutes parts !

Or, ce régime si justement nommé de *La Terreur*, est la plus fidèle image de l'effroyable tyrannie de l'Antechrist, comme elle en est, croyons-nous, la dernière annonce.

Nous avons déjà parlé des instincts féroces de cet « Homme d'iniquité » et de la persécution générale qu'il exercera contre le nom chrétien. Ici nous compléterons le tableau de son effrayante autocratie, en indiquant les mesures gouvernementales qu'il prendra très-probablement, d'un côté pour agrandir et consolider son empire, et de l'autre pour tâcher de rendre universelle et radicale l'extermination du vrai christianisme.

Le socialisme est la doctrine politique et sociale qui tend et aboutit à faire, de l'Etat, le maître absolu de toutes choses, des personnes et des biens, des corps et des âmes. Or l'Antechrist se présentera comme l'apôtre et le chef, comme le propagateur et le soutien du socialisme. Il en sera la personnification parfaite, comme il en procurera la réalisation complète. Son gouvernement s'emparera de tout ce qui sert à constituer actuellement la société. Il en disposera entièrement et pleinement selon son bon plaisir ; et il ne se rencontrera personne qui ose lui contester ce terrible pouvoir, du moins pendant quelque temps.

Mais, pour parvenir à ce règne universel et omnipotent, il faut préalablement détruire la famille, la religion et la propriété. Et c'est ce qu'il se hâtera de faire, à mesure qu'il verra sa domination se fortifier et s'accroître.

Il se proclamera d'abord le maître du sol, et les propriétaires actuels seront réduits à la condition de fermiers ou tenanciers. Il les maintiendra sur ses terres ou bien il les en expulsera selon le caprice de sa volonté. A chacun d'eux il donnera tel arpent à cultiver, afin de pourvoir à leur entretien et à leur nourriture sous la condition de verser une forte redevance annuelle à la caisse fiscale. Tout le commerce sera concentré entre ses mains ou celles de ses agents, car il possèdera toutes choses et rien n'appartiendra en propre à qui que ce soit. Il n'y aura donc aussi ni riches, ni mendiants, ni classes élevées, ni classes inférieures. La pauvreté *règnera* partout. L'Etat, ou plutôt le prince son chef, sera seul dans l'abondance ; et de la sorte, les âmes seront toutes abaissées sous le même niveau, celui du plus affreux esclavage. C'est ce que nous indiquent suffisamment ces paroles : « On ne pourra plus acheter ni vendre sans la permission de la Bête et sans l'exhibition de son caractère ; *et ne quis possit emere, aut vendere, nisi qui habet characterem aut nomen Bestiæ, aut numerum nominis ejus* (1); » comme il arriva en l'année 1793 et aux suivantes, dans une foule de villes de France. Personne ne pouvait alors se présenter aux marchés publics pour l'achat ou la vente des denrées de première nécessité, ni même circuler dans certaines rues sans porter sur soi la cocarde tricolore, les femmes, attachée sur leur poitrine, et les hommes à leur chapeau.

L'Antechrist détruira ensuite toute religion et tout culte, excepté celui de sa personne. Il s'attachera surtout à exterminer la religion

(1) Apocalypse, chap. XIII, v. 17.

vraiment divine et le culte véritablement révélé, c'est-à-dire le catholicisme. Il faudra que tous les hommes ne reconnaissent d'autre Dieu que lui ; à lui seul ils devront offrir leur encens et adresser leurs prières. Tous les temples lui seront dédiés ; et il s'y fera prier et adorer tantôt en personne et tantôt dans ses images ou statues, comme nous l'avons déjà dit. Tout ce qu'il décrétera bon, devra être tenu pour bon et mis en pratique. Tout ce qu'il décrétera mauvais, devra être regardé comme mauvais, et il y aura obligation de s'en abstenir comme d'un fruit défendu. C'est ce que nous apprend ce texte sacré : « Il s'élèvera au-dessus de tout ce qui est Dieu ou honoré comme Dieu ; *qui adversatur et extollitur suprà omne quod dicitur Deus aut quod colitur*, jusqu'à s'asseoir dans le temple de Dieu, comme si lui-même était Dieu; *ita ut in templo Dei sedeat ostendens se tanquam sit Deus* (1). »

Enfin il couronnera son œuvre de tyrannie en détruisant la famille jusque dans sa souche et ses racines. La famille repose essentiellement sur le mariage légitime, c'est-à-dire reconnu et consacré par la religion et la loi civile. Or l'An-

(1) IIe Epître de saint Paul aux Thes., chap. II, v. 5.

techrist mettra, autant qu'il pourra, obstacle à cette union indissoluble et bénie de l'homme et de la femme. Son caprice seul fera et défera les mariages. Ils ne seront à ses yeux rien autre chose que des unions momentanées entre personnes d'un sexe différent, qu'il contraindra de faire, afin de pourvoir à la conservation de l'espèce humaine, et qu'il dissoudra ensuite selon sa fantaisie pour les remplacer par d'autres qu'il croira ou moins suspectes ou plus avantageuses. Seul maître et seul éducateur des enfants qui naîtront de ce vaste système de prostitution, il essayera d'anéantir toutes les traditions de famille. Nul ne devra savoir de qui il descend ou à qui il a donné le jour. Nul ne devra connaître son père et sa mère ; nul n'aura la joie de caresser ses enfants. Tous devront reporter uniquement leur affection sur le chef de l'Etat qui leur tiendra lieu de tout, de père et de mère, de nourricier et *d'éleveur*, de roi et de Dieu.

Ne vous étonnez pas de cette expression que je viens de souligner. Les hommes, sous l'impitoyable joug de l'Antechrist, ne formeront au pied de la lettre qu'un immense troupeau d'esclaves, qu'il conduira en les frappant de sa verge de fer. Il sera seul à profiter de leur travail et de leur production. Comme des animaux domestiques qui portent la marque de leur maître, les hommes porteront celle de l'Antechrist leur souverain. Chez les animaux, ce signe du propriétaire se grave tantôt sur un collier qu'ils portent au cou, et tantôt se trouve placé sur leur tête ou leur dos, selon la coutume des lieux. Alors parmi les hommes, les uns, et ce seront les riches, auront le chiffre de l'Antechrist, leur roi, sur la main, et les autres, c'est-à-dire les petits, sur le front. Cette marque consistera très-probablement en une espèce de tatouage représentant la figure ou la devise du tyran. Et ce sceau du plus honteux esclavage, sera l'une des inventions du grand révolutionnaire, son premier ministre, qui est désigné, comme nous l'avons vu, par la seconde Bête.

Nous racontons là, il est vrai, des événements extraordinaires, mais non pas du tout incroyables. Tout cela ne nous est-il pas clairement annoncé dans cet étonnant passage de l'Apocalypse ? « Par elle (la seconde Bête) les petits et les grands, les riches et les pauvres, les hommes libres et les serfs, porteront le caractère de la Bête dans leur main droite et sur leur front ; et personne ne pourra acheter ni vendre que celui qui aura le caractère ou le nom de la Bête ; *et faciet omnes pusillos, et magnos, et divites, et pauperes, et liberos, et servos habere characterem Bestiæ in manu suâ, aut in frontibus suis* (1). » Nous avons déjà cité la dernière partie de ce texte. Quel effroyable temps ! quelle détestable tyrannie ! quelle épouvantable persécution !

C'est du règne de l'Antechrist, sans nul doute, qu'entendait parler Notre-Seigneur, comme le prouve d'ailleurs tout le contexte, lorsqu'il disait à ses apôtres, en leur prédisant les catastrophes des derniers temps. « Alors il y aura des persécutions telles qu'il n'y en a pas eu depuis le commencement du monde jusqu'à présent et qu'il n'y en aura pas jusqu'à la fin ; et si Dieu n'eut point abrégé ces jours, aucune chair ne s'y serait sauvée. Mais il a daigné les raccourcir en faveur de ses élus. Alors si quelqu'un vous dit : le Christ est ici ou il est là, ne le croyez point. Car alors il s'élèvera des faux christs et des faux prophètes qui feront de grands signes et des prodiges capables de séduire les élus eux-mêmes, si c'était possible. Prenez donc

(1) Apocalypse, ch. XIII, v. 16.

garde à vous, je vous ai avertis d'avance (1). »

N'oublions jamais cet avertissement du divin Maître. En ces temps de vertige où nous sommes, il doit nous servir de flambeau, de boussole et d'appui. On est déjà fort contre le danger, quand on s'y attend et qu'on s'y prépare.

CHAPITRE VIII

Combien durera le règne de l'Antechrist?

Nous lisons au chapitre septième de la prophétie de Daniel : « Il parlera insolemment contre le Très-Haut et il s'imaginera qu'il pourra changer les temps et les lois. Et les saints seront livrés entre ses mains jusqu'à un temps, deux temps et la moitié d'un temps. Mais le jugement se tiendra ensuite, afin que la puissance soit ôtée à cet homme, qu'elle soit entièrement détruite et qu'elle périsse pour jamais (2). » Ces paroles concordent parfaitement avec celles-ci du treizième chapitre de l'Apocalypse qui traite

---

(1) Evang. selon saint Matthieu, chap. xxiv, v. 21 et suiv.
(2) Prophétie de Daniel, chap. vii, v. 25.

de l'Antechrist : « Et il lui fut donné de faire la guerre quarante-deux mois (1). » L'évangéliste avait annoncé auparavant dans le chapitre onzième « que les Gentils fouleraient aux pieds la cité sainte, c'est-à-dire l'Eglise, durant quarante-deux mois (2) » ; et au chapitre douzième, « qu'alors l'Eglise s'enfuirait dans le désert pour y être nourrie douze cent soixante jours, ou autrement, un temps, deux temps et la moitié d'un temps hors la présence du Seigneur (3). »

La plupart des commentateurs, entre autres Lyranus, Menochius, Estius, Tyrinus, Holzhauzer, Gagnée, Lachétardie, les auteurs de la Bible de Vence expliquant ces paroles, affirment qu'elles ont été entendues par le plus grand nombre des Pères et des Docteurs de l'Eglise de la persécution de l'Antechrist et de sa durée qui sera par conséquent de trois ans et demi ; car trois ans et demi renferment quarante-deux mois ou douze cent soixante jours.

A dater donc du moment où ce puissant dominateur se sera emparé du monde entier, et que toute la terre, soit par admiration, soit par terreur, se taira devant lui, il ne s'écoulera que trois ans et demi jusqu'à sa mort. Mais que de maux et de douleurs pour les élus de Dieu du-

---

(1) Apocalypse, ch. XIII, v. 5. — (2) Ibid., chap. XI, v. 2. — (3) Ibid., chap. XII, v. 6.

rant ce court intervalle ! Si ces jours-là eussent été plus longs, toute âme se serait laissé séduire et entraîner à la perdition. Mais quoique courts, ils seront encore raccourcis par la miséricorde de Dieu toujours tendre envers ses élus, *propter electos breviabuntur*. Des interprètes ont affirmé, d'après leurs arrangements de dates et en se fondant sur les textes saints, que cette abréviation des malheurs de l'Eglise sous l'Antechrist sera de douze jours et demi. Nous nous contentons de citer leur opinion sans l'approuver ni la contredire. C'est un détail que l'avenir seul peut nous apprendre, à moins d'être favorisé d'une révélation toute particulière (1).

Toutefois il ne faut pas s'imaginer que le règne de ce puissant potentat n'aura pas commencé plusieurs années auparavant. Il n'arrivera point d'un seul bond, mais par secousses progressives, à l'empire de l'univers.

Maintenant si le lecteur désire savoir les principaux événements politiques par le concours desquels sa domination parviendra jusqu'à l'apogée que nous venons de prédire, d'après les saintes Ecritures et les commentaires que nous en ont laissés les docteurs, qu'il

(1) Voyez la note 5 à la fin du volume.

veuille bien méditer sur les passages suivants de la prophétie de Daniel et de l'Apocalypse.

« J'eus ensuite un grand désir d'apprendre ce que c'était que la quatrième Bête qui était très-différente de toutes les autres et effroyable au-delà de tout ce qu'on peut dire. Ses dents et ses ongles étaient de fer ; elle dévorait et mettait en pièces ; elle foulait aux pieds ce qui avait échappé à sa violence. Je voulus m'enquérir aussi des dix cornes qu'elle avait à la tête, et d'une autre qui lui vint de nouveau, en présence de laquelle trois de ses cornes étaient tombées. Et je m'informai de celle qui avait des yeux et une bouche prononçant de grandes choses ; et cette corne était plus grande que les autres. Je regardais attentivement ; et voici que cette corne faisait la guerre aux saints et avait l'avantage sur eux, jusqu'à ce que vînt l'Ancien des jours. Et il donna aux saints du Très-Haut le pouvoir de juger. Et le temps se trouvant accompli, les saints obtinrent le royaume. Et il dit ainsi : La quatrième Bête sera le quatrième royaume, lequel sera plus grand que tous les royaumes, et dévorera toute la terre, et la foulera, et la réduira en poudre. Les dix cornes de ce royaume seront dix rois qui règneront ; et un autre s'élèvera après eux qui sera plus puissant que les premiers, et il humiliera trois rois, et il parlera orgueilleusement contre le Très-Haut, et il brisera ses saints, et il croira qu'il peut changer les temps et les lois. Et toutes choses seront livrées en sa main jusqu'à un temps, deux temps et la moitié d'un temps. Le jugement interviendra ensuite, afin que la puissance soit ôtée à cet homme, quelle soit broyée et qu'elle périsse pour jamais ; mais qu'aussi le royaume, la puissance et l'étendue de l'empire de tout ce qui est sous le ciel soit donnés au peuple des saints du Très-Haut. Car son royaume est un royaume éternel, auquel tous les rois seront assujettis et obéiront (1). »

« Les dix cornes que tu as vues sont dix rois qui n'ont pas reçu leur royaume ; mais ils recevront comme rois la puissance pour une heure après la Bête. Ceux-ci ont un seul conseil, et ils donneront leur force et leur puissance à la Bête. Ils combattront contre l'Agneau, mais l'Agneau les vaincra, parce qu'il est le Seigneur des seigneurs et le Roi des rois, et ceux qui sont avec lui sont appelés les élus et les fidèles... Car Dieu leur a mis dans le cœur d'exé-

(1) Prophétie de Daniel, chap. VII, v. 19 et suiv.

cuter ce qu'il lui plaît, de donner à la Bête leur royaume, jusqu'à ce que les paroles de Dieu soient accomplies (1). »

De ces deux passages qui concordent d'une manière si frappante, quoique écrits à plus de cinq cents ans d'intervalle, on a tiré les conclusions suivantes :

Premièrement, de l'empire romain, signifié par la quatrième Bête, il se formera un certain nombre de royaumes, où régneront successivement un nombre indéterminé de rois jusqu'à l'arrivée de l'Antechrist. La généralité de ces monarques est indiquée par ces expressions : « les dix cornes, *decem cornua*. »

En second lieu, à l'avénement de ce « fils de la perdition » qui sera la onzième corne, ou autrement le chef d'un onzième royaume, l'Europe, ou plutôt les terres dont se composait autrefois l'empire romain, seront divisées en dix principales puissances, républiques ou monarchies, qui d'abord ne feront point partie de l'empire de l'Antechrist.

Troisièmement, à côté de ces dix rois et d'un pays étranger, sortira et s'élèvera l'Antechrist, dont la puissance s'accroîtra rapidement, qui

(1) Apocalypse, ch. xvi, v. 12 et s.

leur déclarera la guerre non pas à tous les dix à la fois, mais successivement et d'après les conseils et les projets de la plus astucieuse politique.

Quatrièmement, cette première guerre lui sera heureuse ; en peu de temps il aura vaincu et humilié trois de ces potentats qui auront voulu contrecarrer ses desseins et résister à ses attaques injustes. Ce que voyant les sept autres, ils tomberont entre les mains de la peur, cette mauvaise conseillère ; ils auront des défaillances et se jetteront volontairement aux pieds de leur ennemi, avant même d'être réduits par la force à cette honteuse extrémité. Leurs Etats seront, par le fait même de leur soumission, annexés aux siens.

Cinquièmement, alors ces rois pusillanimes devenus les ministres et les vassaux du fier vainqueur, lui donneront leur concours, lui apporteront toute leur puissance précédente, en laissant incorporer leurs armées à la sienne et en lui rendant obéissance comme de dociles lieutenants à leur général. Et par ce fait, l'Antechrist sera devenu le dominateur universel, le potentat unique dans l'ancien monde.

Sixièmement enfin, c'est encore à ce moment

que cet homme plein d'astuce, façonnant à son joug ces rois déchus par la séduction de ses discours et de ses prestiges, réussira promptement à leur faire accroire qu'il n'y a point d'autre Messie et d'autre Dieu que lui-même, exigera de leur part un tribut d'adoration au moins extérieure, qu'ils n'oseront lui refuser, et se servira d'eux comme d'instruments pour combattre l'Eglise, la détruire de fond en comble et anéantir avec elle jusqu'au dernier des enfants de Dieu, s'il est possible.

Mais nous venons de voir que cette épouvantable persécution ne devait durer que très-peu de temps. A ces misérables tyrans subalternes, aussi bien qu'à leur détestable chef, Dieu ne donnera la permission de fouler la terre et d'affliger ses élus que pendant trois ans et demi, à dater du jour où le superbe conquérant, après avoir vaincu ses adversaires et ses rivaux, se fera proclamer le seul monarque de l'univers.

Voilà les traits généraux du grand tableau que doit former dans l'histoire l'avénement de l'Antechrist au trône du monde. On peut sans témérité les tracer d'avance, en se fondant sur les paroles prophétiques que nous avons citées tout à l'heure et qu'expliquent, comme nous l'avons fait, la plupart des commentateurs. Quant aux détails, l'avenir seul les développera en désignant les noms propres des individus et des nationalités. Nous entrevoyons seulement que le système des annexions prévaudra d'abord. Les peuples de même origine voudront se réunir sous un même sceptre. Bientôt l'un de ces grands empires absorbera les autres, parce qu'il se verra le plus fort. Et l'établissement de cette domination ultra-prépondérante, pour ne pas dire unique, inaugurera le règne de l'Antechrist.

CHAPITRE IX

Des athlètes qui combattront l'Antechrist.

Cette matière étant très-curieuse aussi bien qu'importante pour la consolation des fidèles serviteurs de Dieu, on nous permettra d'entrer dans plus de détails, qu'au reste nous puiserons uniquement dans les Livres saints.

On lit dans le chapitre onzième de l'Apocalypse : « Et je donnerai mon esprit à mes deux témoins, et, revêtus de cilices, ils prophétiseront douze cent soixante jours. Ce sont deux oliviers et deux chandeliers debout en la présence du Seigneur de la terre. Et, si quelqu'un veut leur nuire, un feu sortira de leur bouche et dévorera leurs ennemis. Et si quelqu'un veut les offenser, il faudra qu'il périsse de la même manière. Ils ont le pouvoir de fermer le ciel, afin qu'il ne pleuve point durant les jours de leurs prédications ; et ils ont le pouvoir sur les eaux pour les convertir en sang, et sur la terre pour la frapper de toute espèce de plaies, autant de fois qu'ils voudront. Et lorsqu'ils auront achevé leur témoignage, la Bête qui monte de l'abîme leur fera la guerre, et les vaincra, et les tuera. Et leurs corps seront gisants sur les places de la grande ville qui est appelée spirituellement Sodôme et l'Egypte, où même leur Seigneur a été crucifié. Et les tribus, et les peuples, et les langues, et les nations verront leurs corps étendus durant trois jours et demi ; et ils ne permettront pas qu'on les mette dans le tombeau. Et les habitants de la terre se réjouiront de leur mort. Ils en feront des fêtes et ils s'enverront des présents les uns aux autres, parce que ces deux prophètes tourmentaient ceux qui habitaient sur la terre. Mais après trois jours et demi, l'esprit de vie entra en eux de la part de Dieu, et ils se relevèrent sur leurs pieds et une grande crainte tomba sur ceux qui les virent. Alors ils entendirent une voix forte qui leur dit du ciel : Montez-ici. Et ils montèrent au ciel dans une nuée, et leurs ennemis les virent (1). »

De ce texte si étonnant et si précis, on conclut naturellement tout d'abord : que durant la persécution de l'Antechrist qui sera la dernière et la plus horrible de toutes, comme l'a positivement prédit Notre-Seigneur au chapitre vingt-quatrième de saint Matthieu, la divine Bonté enverra au secours de ses élus plusieurs robustes athlètes de la foi, qui lutteront vigoureusement, dans leurs éloquentes prédications, contre les impostures de cet abominable despote et neutraliseront en même temps le prestige de ses faux miracles par de grands et de véritables prodiges. Au-dessus d'eux, pour les diriger, fortifier et amener au combat, Dieu mettra deux personnages remarquables par leur piété céleste, leur sagesse surhumaine, leur science angélique, leur indomptable courage, leur patience invincible.

(1) Apocalypse, chap. XI, v. 3 et suiv.

Ces deux hommes extraordinaires doivent être les prophètes Hénoch et Elie qui ont déjà vécu sur la terre, le premier avant le déluge et sous la loi naturelle, et le second après la construction du temple de Salomon et sous la loi de Moïse.

Cette proposition étonnera peut-être quelques uns de nos lecteurs laïques. Nous allons la prouver dans les pages suivantes. Qu'ils veuillent seulement méditer avec attention les paroles sacrées que nous allons mettre sous leurs yeux ; et nous sommes sûrs d'avance qu'une forte conviction ne tardera point de pénétrer en leur âme à ce sujet.

§ I. — Preuves de la venue d'Hénoch.

Il est dit au chapitre cinquième de la Genèse : « Hénoch fils de Jared, ayant vécu soixante-cinq ans, engendra Mathusalem. Hénoch marcha avec Dieu ; et après avoir engendré Mathusalem, il vécut trois cents ans ; et il engendra des fils et des filles. Et tout le temps qu'Hénoch vécut sur la terre fut de trois cent soixante-cinq ans. Et il marcha avec Dieu, et il ne parut plus sur la terre, parce que Dieu l'enleva (1). »

(1) Genèse, ch. 5, v. 21 et suiv.

Nous lisons au chapitre quarante quatrième du livre de l'Ecclésiastique : « Hénoch plut à Dieu ; et il fut transféré dans le paradis, pour faire entrer les nations dans la pénitence (1). »

Saint Paul au chapitre onzième de son Epître aux Hébreux a écrit : « c'est par la foi qu'Hénoch a été enlevé pour ne pas mourir ; et on ne l'a plus vu, parce que Dieu l'avait transporté ailleurs : car l'Ecriture lui rend témoignage qu'avant d'avoir été ainsi enlevé, il plaisait à Dieu (2). »

Enfin au chapitre quatrième du livre de la Sagesse, on trouve ce passage que plusieurs commentateurs rapportent à celui de la Genèse, que nous venons de citer. « Comme le juste a plu à Dieu, il en a été aimé, et Dieu l'a transféré d'entre les pécheurs parmi lesquels il vivait. Il l'a enlevé, de peur que son esprit ne fut corrompu par la malice, et que les apparences trompeuses ne séduisissent son âme (3). »

D'après l'affirmation des deux commentateurs si doctes et de si bon renom, Estius et Cornélius a Lapide, presque tous les Saints Pères, s'appuyant sur les textes précédents, ont

(1) Ecclésiastique, chap. XLIV, v. 16.
(2) Epître aux Hébreux, chap. XI, v. 5.
(3) Livre de la Sagesse, chap. IV, v. 10 et 11.

enseigné qu'Hénoch, le plus saint personnage qui ait vécu avant le déluge, disparut subitement de la terre et du milieu de sa famille ; et que le Seigneur l'enleva en corps et en âme pour le placer dans un lieu inconnu des hommes, d'où il l'enverra, vers la fin des temps, pour « prêcher la pénitence aux nations » et s'opposer aux ravages de l'Antechrist et de ses adhérents. Telle a été dans tous les siècles la tradition de l'Eglise, tel l'enseignement de la plupart de ses docteurs, et telle la croyance de ses enfants tant soit peu versés dans la science des saintes Ecritures.

§ II. — PREUVES DE LA VENUE D'ÉLIE.

Nous lisons au deuxième chapitre du quatrième Livre des Rois. « Lorsque le Seigneur voulut enlever Elie au ciel dans un tourbillon, il arriva qu'Elie et Elisée venaient de Galgala. Elie dit à Elisée : demeurez ici, parce que le Seigneur m'a envoyé à Béthel ; Elisée lui répondit : vive le Seigneur ! vive votre âme ! je ne vous abandonnerai point. Ils allèrent donc ensemble à Béthel. Et les enfants des prophètes qui étaient à Béthel vinrent dire à Elisée : ne savez-vous pas que le Seigneur vous enlèvera aujourd'hui votre maître ? Elisée répondit : je le sais ; gardez le silence. Elie dit encore à Elisée : demeurez ici, parce que le Seigneur m'a envoyé à Jéricho. Elisée lui répondit : vive le Seigneur, vive votre âme ! je ne vous abandonnerai point. Lorsqu'ils furent arrivés à Jéricho, les enfants des prophètes qui étaient à Jéricho vinrent dire à Elisée : ne savez-vous pas que le Seigneur vous enlèvera aujourd'hui votre maître ? il leur répondit : je le sais, gardez le silence... ils allèrent tous deux ensemble... Lorsqu'ils eurent passé le Jourdain, Elie dit à Elisée : demandez-moi ce que vous voudrez, afin que je l'obtienne avant d'être enlevé d'avec vous. Elisée lui répondit : je vous prie que votre double esprit repose sur moi. Elie lui dit : vous me demandez une chose difficile ; néanmoins si vous me voyez, lorsque je serai enlevé d'avec vous, vous aurez ce que vous avez demandé ; mais si vous ne me voyez pas, vous ne l'aurez point. Comme ils continuaient leur chemin, et qu'ils marchaient en s'entretenant, voici qu'un char de feu et des chevaux de feu les séparèrent tout d'un coup l'un de l'autre ; et Elie monta au ciel dans un tourbillon. Elisée le voyant, s'écriait : mon père, mon père, vous le char d'Israël et son conducteur ! après cela, il ne le vit plus (1). »

On lit au chapitre quatrième du prophète Malachie : « Voilà qu'un jour viendra semblable à une fournaise ardente. Tous les superbes et tous ceux qui commettent l'impiété seront alors comme de la paille. Et ce jour qui doit venir les embrasera, dit le Seigneur des armées, sans leur laisser ni germe ni racine. Mais le soleil de justice se lèvera pour vous qui craignez mon nom, et vous trouverez le salut sous ses ailes. Vous sortirez alors et vous tressaillerez de joie, comme les jeunes bœufs d'un troupeau bondissent sur l'herbe. Vous foulerez aux pieds les impies, lorsqu'ils seront devenus comme de la cendre sous la plante de vos pieds, en ce jour où j'agirai moi-même, dit le Seigneur des armées. Souvenez-vous de la loi de Moïse, mon serviteur, que je lui ai donnée sur la montagne d'Horeb, afin qu'il portât à tout Israël mes préceptes et mes ordonnances. Voilà que moi, je vous enverrai Elie de Thesba, avant que le grand et épouvantable jour du Seigneur arrive. Et il réunira le cœur des pères avec leurs enfants et le cœur des enfants avec leurs pères,

(1) Quatrième Livre des Rois, ch. II, v. 1 et suiv.

de peur que, en venant, je ne frappe la terre d'anathème (1). »

Nous trouvons encore cet autre passage au chapitre quarante-huitième de l'Ecclésiastique : « Le prophète Elie s'est élevé ensuite comme un feu, et ses paroles brûlaient comme un flambeau ardent. Il frappa le peuple de famine. Ils l'irritèrent par leur envie, et ils furent réduits à un petit nombre, car ils ne pouvaient supporter les préceptes du Seigneur. En parlant au nom du Seigneur, il ferma le ciel, et il en fit tomber le feu par trois fois. Quelle gloire, ô Elie, vous avez acquise par vos miracles ! et qui peut se glorifier comme vous ? vous qui par la parole du Seigneur Dieu, avez fait sortir un mort des enfers et l'avez arraché au trépas ; vous qui avez fait tomber les rois dans le précipice ; qui avez brisé sans peine leur puissance et qui, dans leur gloire, les avez réduits au lit de la mort. Vous qui entendez sur le mont de Sinaï le jugement du Seigneur, et sur le mont Horeb les arrêts de sa vengeance ; vous qui sacrez les rois pour venger les crimes et qui laissez après vous des prophètes pour vos successeurs ; vous qui avez été enlevé au ciel dans un tourbillon

---

(1) Prophétie de Malachie, ch. IV entier.

de feu et dans un char traîné par des chevaux ardents ; vous qui avez été destiné pour adoucir la colère du Seigneur, par les jugements que vous exercerez au temps prescrit, pour réunir les cœurs des pères à leurs enfants et pour rétablir les tribus de Jacob. Bienheureux sont ceux qui vous ont vu et qui ont été honorés de votre amitié. Car pour nous, nous vivons seulement pendant cette vie ; mais notre nom ne vivra pas de même après notre mort. Elie a été enlevé dans un tourbillon ; mais son esprit est demeuré dans Elisée (1). »

Les deux savants commentateurs que nous avons nommés ci-dessus affirment encore que la totalité des interprètes des Livres Saints, s'appuyant sur ces textes sacrés si frappants, ont écrit que le prophète Elie, qui fut enlevé au ciel sur un char de feu, reviendra parmi les hommes avant la fin du monde, pour prêcher la vraie doctrine de Dieu durant la persécution de l'Antechrist et convertir, en même temps, les Juifs à la foi catholique et « à l'Evangile de ce même Seigneur Jésus-Christ que crucifièrent autrefois leurs pères » aveugles et endurcis. C'est d'ailleurs la tradition constante de l'Eglise.

(1) Ecclésiastique, chap. XLVIII, vers. 1 et suiv.

Ainsi l'ont cru les fidèles chrétiens de tous les siècles. C'était aussi la croyance invariable de l'ancienne synagogue et de ses docteurs.

Il est donc certain qu'Hénoch et Elie doivent revenir en ce monde à la fin des temps. Bossuet résume l'enseignement de l'Eglise à ce sujet. Voici ce qu'il dit dans la préface de son *Explication de l'Apocalypse* : « La venue d'Hénoch et d'Elie n'est guère moins célèbre parmi les Pères que l'arrivée de l'Antechrist. Ces deux saints n'ont pas été transportés pour rien du milieu des hommes si extraordinairement en corps et en âme. Leur course ne paraît pas achevée, et on doit croire que Dieu les réserve à quelque grand ouvrage. La tradition des Juifs, aussi bien que celle des chrétiens, les fait revenir à la fin des siècles. Cette tradition à l'égard d'Hénoch s'est conservée dans l'Ecclésiastique. Que si la leçon du Grec n'est pas si claire, elle est suppléée en cet endroit, comme en beaucoup d'autres, par celle de la Vulgate dont nul homme de sens, fut-il protestant, ne méprisera jamais l'autorité. D'autant plus que ce ne sont pas seulement les Pères latins qui établissent le retour d'Hénoch ; les Grecs y sont aussi exprès. Pour Elie, il nous est promis en termes formels par Malachie dans les approches « du grand et du redoutable jour du Seigneur, » qui paraît être le jugement. L'Ecclésiastique semble aussi l'entendre ainsi. Il faut être plus que téméraire pour improuver la tradition de la venue d'Hénoch et d'Elie à la fin des siècles, puisqu'elle a été reconnue de tous ou presque tous les Pères. »

§ III. — RÉFUTATION D'UNE OBJECTION.

Toutefois, relativement à cette croyance unanime des fidèles et des docteurs, on a fait une objection et l'on a dit : Dans le chapitre dix-septième de l'Evangile selon saint Matthieu, Notre-Seigneur, répondant à ses apôtres qui l'avaient interrogé sur le prophète Elie, leur disait : « A la vérité, Elie viendra et rétablira toutes choses. Or moi je vous dis qu'Elie est déjà venu, mais on ne l'a point connu et on l'a traité comme on a voulu. C'est ainsi que le Fils de l'homme doit aussi souffrir de leur part. Alors les disciples comprirent qu'il leur avait parlé de Jean-Baptiste (1). »

En effet, ajoute-t-on, lorsque l'ange annonce

(1) Evang. selon saint Matthieu, ch. xvii, v. 11 et suiv.

au prêtre Zacharie qu'il aura un fils, il dit de lui : « Il précédera le Seigneur avec l'esprit et le pouvoir d'Elie, pour rendre aux enfants le cœur de leurs pères (1). » Il n'est donc pas absolument certain que les paroles du prophète Malachie et de l'Ecclésiastique doivent s'entendre d'un second avénement d'Elie sur la terre.

Il est très-facile de répondre à cette difficulté. Quelques théologiens timides l'ont suscitée à la fin du siècle dernier, afin de montrer aux faux philosophes qui attaquaient avec tant d'acharnement la foi et les traditions de l'Eglise, qu'ils n'étaient point, eux, les partisans et les complices mais plutôt les contradicteurs et les adversaires de ces *fanatiques* docteurs, qui veulent prendre à la lettre toutes les paroles de l'Ecriture et ne rien rabattre du surnaturel qu'on y rencontre. Ces braves gens, parmi lesquels nous sommes tenté parfois de placer le docte Bergier lui-même, croyaient sans doute, en faisant cette révérence à la philosophie anti-chrétienne de l'époque, qu'ils adouciraient la colère de ses adeptes si furieusement acharnés à poursuivre de leurs attaques les doctrines de

(1) Evang. selon saint Luc, ch. I, v. 17.

la révélation, et que, en se faisant autant que possible les disciples de la raison sur une foule de questions même très-importantes, ils réussiraient à convertir les athées et les déistes à l'obéissance de la foi. Que n'ont-ils vécu un demi siècle de plus ! Ils auraient compris qu'il ne sert de rien d'affaiblir et de diminuer la vérité, quelque dure et âpre qu'elle soit pour les âmes mondaines. Leur pusillanime condescendance pour le naturalisme et le rationalisme du XVIIIe siècle n'a ramené personne à l'amour et au culte de la doctrine révélée. Elle n'a point empêché les systèmes impies qui prévalaient alors, d'aboutir à la plus épouvantable des révolutions. Il faut prêcher au monde l'Evangile tel qu'il est, les dogmes de la foi tels que les a toujours enseignés la véritable Eglise. Il faut bien se garder de ne rien mettre de l'homme à ce qui vient de Dieu, toute atténuation ou altération de la parole divine étant au moins inutile, quand elle n'est point désastreuse.

Mais revenons à l'objection ci-dessus. Deux mots suffisent pour la détruire. Si Notre-Seigneur a, dans deux passages de son Evangile, attribué à saint Jean-Baptiste ce que dit Malachie du prophète Elie, c'est sans exclusion de l'autre sens, puisqu'il a même daigné l'insinuer par ces paroles : « Et si vous voulez le prendre ainsi, c'est lui qui est Elie qui doit venir. » Il paraît évident qu'il a voulu donner à entendre qu'il y avait beaucoup de mystère dans ce passage et qu'il renfermait un autre sens sur lequel il ne lui plaisait pas de s'expliquer davantage en ce moment. Au reste en disant : « Il est vrai qu'Elie doit venir ; mais je vous dis qu'Elie est déjà venu et ils ne l'ont pas connu ; » ne nous provoque-t-il pas à demander comment est-il vrai qu'il doive venir et ensemble qu'il soit venu ? pour accorder cela, il faut dire qu'il devait venir deux fois : la première sous la figure de saint Jean-Baptiste, et la seconde, en propre personne aux approches du dernier jour. Et si l'Evangile compare saint Jean-Baptiste à Elie, c'est évidemment qu'ils sont tous deux précurseurs de Jésus, l'un à son premier avénement, et l'autre à son second.

J'ai emprunté ce raisonnement à Bossuet qui lui-même l'avait pris de saint Jean Chrysostome et des doctes commentaires du cardinal Cajétan sur l'Evangile selon saint Marc.

§ IV. — DU DEGRÉ DE FOI QUE MÉRITE CETTE PROPHÉTIE.

Disons encore une fois qu'Hénoch et Elie reviendront sur la terre avant le jugement général. Selon Cornélius a Lapide, c'est une vérité qui s'approche de la foi catholique, qu'ils ne sont pas morts. La Providence divine les a placés, en attendant l'époque de leur retour, dans une espèce de paradis terrestre, c'est-à-dire dans un lieu rempli d'agréments et de charmes, sur la terre ou autre part, connu de Dieu seul et de ses anges; et ils y vivent exempts de tout besoin et de toute infirmité, employant leurs heures à aimer, adorer, prier et bénir le Seigneur.

Nous avouons très-volontiers que cette existence et ce retour des deux grands Prophètes sont choses fort étranges. Mais nous n'en sommes nullement étonnés ou surpris. Dans le gouvernement des affaires de ce monde, que Dieu, fort heureusement, n'a point tout à fait abandonnées aux caprices et aux passions des hommes, nous savons par expérience que son infinie sagesse se sert assez fréquemment, mais surtout dans les temps critiques et les circonstances solennelles, de moyens et d'hommes vraiment extraordinaires sous une multitude de rapports. Tout est possible à l'immortel Roi des siècles. Souvent il se complait, par la singularité des instruments qu'il emploie, à dérouter la prudence humaine. Au xve siècle de notre ère, ne se servit-il pas du bras d'une jeune fille pour sauver la France, comme il sauva jadis le peuple d'Israël par la main de la veuve Judith ?

CHAPITRE X

Les œuvres futures d'Hénoch et d'Elie.

Le onzième chapitre de l'Apocalypse nous raconte la vie à venir de ces deux grands personnages. Il nous suffit donc, pour la connaître à l'avance, d'étudier ce qu'il dit « des deux témoins » que tous les interprètes prennent pour Hénoch et Elie.

Verset 3. *Et je donnerai à mes deux témoins, à mes deux grands martyrs, savoir :* une bouche éloquente et une profonde sagesse, auxquelles leurs ennemis ne pourront répondre. *Et ils prophé-*

tiseront ; c'est moi, leur Dieu, qui leur enverrai l'ordre et la grâce d'annoncer aux nations de la terre la divinité de Jésus, mon Christ, la fin du monde, le jugement dernier. *Ils prophétiseront revêtus de sacs,* c'est-à-dire dans l'affliction de l'esprit et la mortification de la chair, afin de prêcher d'exemple la pénitence ; *mille deux cent soixante jours,* durant presque tout le temps de la tyrannie de l'Antechrist et de ses sectaires, lequel sera de quarante-deux mois et demi ou de douze cent soixante-dix-sept jours.

Verset 4. *Ce sont deux oliviers,* parce que tous deux étant oints de l'huile de la sainteté, de la charité, de la sagesse, en un mot, de tous les dons du Saint-Esprit ; ils verseront le baume du salut et de la consolation sur les plaies des peuples. Et ainsi, par ces deux oliviers mystiques, l'Eglise sera remplie d'une céleste onction au milieu de ses redoutables épreuves. *Ce sont deux chandeliers debout en la présence du Seigneur de la terre;* car ils éclaireront les peuples dans la justice et la vérité ; et à leur vive lumière, les Gentils et les Juifs accourront se ranger sous l'étendard du Dieu crucifié. Pour cette grande œuvre, ils sont réservés vivants dans le lieu désigné par le Seigneur qui est le maître de la vie et de la mort, de la terre et du ciel, de tous les éléments.

Verset 5. *Si quelqu'un veut leur nuire*, c'est-à-dire, mettre des entraves à leur prédication, leur ôter la liberté de la parole, *un feu sortira de leur bouche*. Ces deux témoins remplis, selon saint Jean, de ce qu'il y a tout ensemble de plus doux et de plus fort pour consoler le peuple élu et punir ses ennemis, seront, comme Moïse et Aaron en Egypte et comme Elie aux jours d'Achab et de Jésabel, armés d'une puissance prodigieuse d'action et de parole. Ce sera une flamme dévorante qui confondra leurs adversaires et finalement les détruira. Car, *et celui qui voudra les offenser, il faut qu'il soit tué de cette sorte;* il faut que les persécuteurs périssent et que, après une mort honteuse et cruelle, ils soient encore envoyés au feu éternel.

Verset 6. *Ils ont la puissance de fermer le ciel pour empêcher la pluie de tomber durant les jours de leur prophétie; et ils ont la puissance de changer les eaux en sang et de frapper la terre de toute sorte de plaies, aussi souvent qu'ils voudront.* Ne nous arrêtons point à chercher un sens mystérieux dans ces paroles. Entendons-les à la lettre et en leur sens simple et naturel. Les deux témoins auront donc : premièrement, le pouvoir de fermer le ciel, c'est-à-dire d'envoyer la stérilité sur la terre, comme le fit autrefois Elie, pour punir les prévarications d'Israël. Dans un sens plus large, ils pourront apporter de si grands troubles dans les éléments terrestres, que le sol en ce temps-là deviendra impropre à la production des herbes et des plantes, et que la famine désolera le monde. En second lieu, ils auront le pouvoir de changer l'eau en sang, comme autrefois firent Moïse et Aaron pour châtier les Egyptiens, ces cruels persécuteurs des Israélites. Et dans un sens plus étendu, ils susciteront contre les ennemis de Dieu, qui seront naturellement les leurs, des guerres terribles, où se fera une telle effusion de sang humain, que les eaux des rivières en seront rouges comme du sang. Troisièmement, ils auront la puissance d'attirer encore d'autres fléaux qu'il ne nous est pas possible de prévoir et de prédire. Les plaies d'Egypte furent au nombre de dix. Elles figuraient celles, en bien plus grand nombre probablement, par lesquelles Hénoch et Elie affligeront la terre, en punition de ce que ses habitants se seront prostitués au culte abominable de l'Antechrist.

Il est vrai que cet homme d'iniquité et ses

ministres, feront aussi, à leur tour, des choses prodigieuses. Il en sera comme au temps de Pharaon. L'on sait que ce prince et ses devins, par leurs maléfices, parvinrent à imiter quelques-uns des miracles de Moïse et de son frère Aaron. L'Antechrist, avec la permission de Dieu, jouira donc d'un très-grand pouvoir sur les éléments, et fera d'inconcevables efforts pour reproduire, au moins imparfaitement, les actes miraculeux qu'opéreront Hénoch et Elie par la vertu divine, au ciel et sur la terre, dans les eaux, sur les arbres, les plantes, les fruits et les animaux domestiques, et enfin contre la personne même des impies, qu'ils frapperont de plaies si cruelles, que la douleur les fera périr en grand nombre. Mais il lui sera impossible d'égaler ces prodiges divins, soit dans leur multitude, soit dans leur perfection ; car il n'agira que dans un esprit d'iniquité, ou par la vertu du démon qui le possédera, et dont la puissance et l'activité, même en plein exercice, ne peuvent faire un vrai miracle, c'est-à-dire, un acte vraiment dérogatoire aux lois que Dieu lui-même daigna imposer à la nature et aux éléments qui la composent.

Verset 7. *Et quand ils auront achevé leur témoignage ;* c'est-à-dire après qu'ils auront beaucoup travaillé et souffert, après qu'ils auront accompli le temps de leur prédication et atteint par conséquent le terme ci-dessus désigné de douze cent soixante jours, *la Bête qui s'élèvera de l'abîme* ; c'est-à-dire l'Antechrist suscité, agrandi et soutenu par l'enfer, et qui est appelé la Bête à cause de ses mœurs impures et féroces, *leur fera la guerre* d'abord par ses caresses, ses artifices et ses offres séduisantes, puis par ses menaces, ses attaques souterraines, ses faux miracles, et enfin par une persécution ouverte et implacable. Il les vaincra, mettra la main sur leurs personnes et sur celles d'un grand nombre de leurs disciples, les accablera de toute espèce de tourments et les fera impitoyablement mourir. On jettera ensuite, par son ordre, leurs corps sur les places publiques, afin qu'ils soient exposés aux yeux des peuples. Le tyran aura soin de faire publier leur défaite et leur supplice, aussi bien que sa victoire, par toutes les provinces de son vaste empire, afin que les nations tremblent devant lui et lui soient soumises ; qu'elles voient qu'il est réellement au-dessus de toute puissance, qu'il est vraiment le Messie, le Fils de Dieu et Dieu lui même. C'est ce que signifient les expressions qui suivent.

Verset 8. *Et leurs corps seront gisants sur les places de la grande ville, appelée spirituellement Sodome et l'Egypte, où leur Seigneur aussi a été crucifié.* D'après le sentiment d'un grand nombre de Pères de l'Eglise, cette grande ville sera Jérusalem. C'est ce que n'hésite point aussi à nous affirmer le vénérable Holzhauser. « Cette ville, dit-il, c'est la Jérusalem moderne. Elle est appelée « la grande ville, » à cause de sa nombreuse population et de l'immense célébrité qu'elle aura surtout alors. Elle sera grande par ses richesses, par ses trésors, par les peuples, les nations et les hommes de diverses langues qui l'habiteront et y afflueront de toutes parts. C'est sur les places de cette cité que seront jetés les corps des deux prophètes Hénoch et Elie, avec ceux de plusieurs autres saints martyrs qui auront été inébranlables dans la confession du saint nom de Jésus et auront résisté jusqu'à la mort au fils de perdition. Parmi eux se trouveront surtout les prêtres et les docteurs dont parle Daniel. « Et les sages du peuple en instruiront plusieurs et tomberont sous le glaive, et dans la flamme, et en captivité, et dans la ruine de ces temps-là (1). » De plus, cette ville est ap-

---

(1) Prophétie de Daniel, ch. xi, v. 33.

pelée l'Egypte, parce que Jérusalem et son roi feront, contre Jésus-Christ aux jours d'Hénoch et d'Elie, ce que l'Egypte et son prince firent contre Dieu, aux jours de Moïse et d'Aaron, c'est-à-dire ostentation d'impiétés, lutte de miracle à miracle, efforts sataniques pour séduire les élus et les empêcher d'entrer dans la terre promise qui est le ciel. »

Nous devons ajouter qu'un assez grand nombre d'auteurs pensent que cette ville pourrait bien être Rome, dont l'Antechrist s'emparera, ou toute autre grande ville dont il fera sa résidence principale et la capitale de ses Etats, telle que Paris, Constantinople, Vienne et Londres.

Verset 9. *Et les tribus, les peuples, les langues et les nations verront leurs corps étendus durant trois jours et demi;* c'est-à-dire pendant un temps très-court par rapport même à celui de la persécution, qui ne durera que trois ans et demi. Le vénérable Holzhauser prétend qu'il faut prendre ici un jour pour une semaine. Ainsi, les corps des deux prophètes et ceux de leurs disciples massacrés avec eux demeureront exposés à la risée et au jouet des impies pendant trois jours et demi ou trois semaines et demie. Et durant cet intervalle, leur chef jouira de son triomphe au milieu des scènes les plus horribles. *Et ils ne permettront pas qu'on les mette dans le tombeau.* On les laissera de la sorte sans sépulture pour inspirer aux nations assemblées, des sentiments de crainte et de terreur, en leur montrant la puissance et la divinité du faux Messie qui les aura vaincus et mis à mort.

L'Antechrist, en cette heure là, se glorifiera tellement de cette dernière victoire, il s'enivrera d'un tel orgueil que, dans les transports de son ivresse, il montera au sommet de la montagne « qui est à l'Orient de la ville, » pour y recevoir publiquement les adorations des peuples, et faire ensuite, en leur présence, son ascension au ciel. Les interprètes qui admettent cette circonstance et entre autres Lyranus, Menochius, Holzhauser, suivant en cela saint Jérôme, s'appuient sur ce texte du chapitre onzième de Daniel : « Il dressera les tentes de son palais entre les mers sur la montagne sainte et célèbre, et il viendra jusqu'à son sommet, et personne ne le secourra : *Et figet tabernaculum suum Apadno inter maria super montem sanctum et inclytum, et veniet usque ad summitatem ejus; et nemo auxiliabitur ei* (1). »

(1) Prophétie de Daniel, ch. xi, v. 45.

Verset **10.** *Les habitants de la terre se réjouiront de leur mort; ils en feront des fêtes, et s'enverront des présents, parce que ces deux prophètes tourmentaient ceux qui habitaient la terre.* Ces expressions annoncent la joie frénétique des impies durant le temps très-court du règne universel de leur empereur, qu'ils exalteront et glorifieront en toutes manières. Comme il aura eu soin d'annoncer rapidement en tous lieux son éclatante victoire sur les deux prophètes, les peuples s'agiteront partout comme les flots de la mer. Ils viendront de tous côtés à la grande ville, Jérusalem, Rome, ou telle autre qu'il n'est pas possible de fixer, pour voir les cadavres de ces personnages naguère si puissants. Ils érigeront une multitude de statues et de trophées à la gloire de leur vainqueur. Ils se convieront mutuellement à des festins, se livreront à des danses et s'abandonneront à toutes les voluptés de la chair, s'imaginant être arrivés enfin à la plénitude du repos, depuis que la mort aura empêché les deux grands prédicateurs de les troubler par leurs foudroyantes paroles et de les effrayer par les actes terribles de leur puissance.

Verset **11.** *Mais après trois jours et demi, l'esprit de vie entra en eux de la part de Dieu. Ils* *se relevèrent sur leurs pieds ; et ceux qui les virent furent saisis d'une grande crainte.* Dieu ne permet pas pour de longues années le triomphe des méchants sur ses serviteurs et ses amis. Après cette profanation du corps sacré des prophètes pendant le temps marqué, le Seigneur leur envoie son esprit de vie, dont la force toute puissante les fait tout à coup revivre et ressusciter ; et cette transformation subite et inattendue frappe de stupeur l'Antechrist et ses ministres qui en sont les témoins.

Verset 12. *Alors ils entendirent une voix forte qui leur dit du ciel : montez ici, et ils montèrent au ciel dans une nuée à la vue de leurs ennemis.* Les commentateurs nous disent encore ici qu'il faut prendre ces expressions à la lettre et dans leur sens naturel. Il arrivera donc véritablement que le Seigneur, voulant récompenser magnifiquement ses deux grands serviteurs de leurs travaux et de leur courage à soutenir la vérité dans les tourments, les fera monter, après leur résurrection triomphante, dans le ciel qui est la cité de sa gloire ; et cela, en présence de tous ces peuples qui, à l'appel de l'Antechrist, s'étaient portés en foule dans sa capitale, afin d'assister à son dernier triomphe et à la proclamation de sa divinité, comme nous l'avons dit tout à l'heure. A cette douce invitation, Hénoch et Elie, suivis des compagnons de leur martyre, s'élancent vers les hauteurs du firmament en corps et en âme. Une brillante nuée les reçoit bientôt sur ses ailes, et ils arrivent triomphalement aux portes de la bienheureuse éternité, comme autrefois ce Jésus de Nazareth, dont ils ont prêché la doctrine avec tant de zèle et soutenu avec tant de vigueur les divines prérogatives. Car n'est-il pas juste que, après avoir imité leur Sauveur et Maître en la mort, ils aient la joie de lui ressembler aussi en son Ascension au céleste séjour.

Voilà quels seront les événements prodigieux de la nouvelle vie terrestre que Dieu donnera plus tard à Hénoch et à Elie. Voilà comment ils combattront l'Antechrist et ses partisans; voilà la gloire qu'ils rendront au Seigneur et la consolation qu'ils apporteront aux âmes restées fidèles à Jésus son Fils.

Nous nous en sommes tenu strictement aux textes sacrés qui annoncent leur venue et leurs actes. Nous avons eu garde d'entrer dans les détails qu'aurait pu nous fournir leur sens. Car autant les faits qu'ils indiquent nous paraissent possibles et certains, autant nous regardons le développement de leurs circonstances comme inaccessible à la faiblesse actuelle de nos lumières. « L'avenir, a dit Bossuet, se tourne presque toujours bien autrement que nous ne pensons ; et les choses mêmes que Dieu en a révélées arrivent en des manières que nous n'aurions jamais prévues. »

CHAPITRE XI

De la mort de l'Antechrist suivie de la conversion des Juifs.

Tous les ennemis de Jésus-Christ, tous les persécuteurs de son Eglise, tous les Antechrists petits et grands, l'histoire l'atteste, ont péri plus ou moins misérablement. Il serait trop long de faire ici le lamentable récit de ces morts. C'étaient autant d'annonces et de figures de l'épouvantable fin de celui qui sera leur chef en puissance et en malice.

Lorsque l'Antechrist verra Hénoch et Elie, ses deux redoutables adversaires, ressusciter et monter au ciel, il se sentira troublé d'un effroi mortel; il frémira de rage. Alors aveuglé par son orgueil et outré de dépit en face des nations qui commencent à douter de la solidité de son empire et de la réalité de son origine divine, afin de les retenir sous son sceptre et dans leur erreur, il emploiera l'aide des démons et de Satan leur roi, qui se hâteront d'accourir à son secours. S'appuyant aussitôt sur leurs bras invisibles, il sortira de sa capitale avec grande pompe, gravira la montagne ou colline qui est proche; et de son sommet, en présence d'une foule immense, il s'élèvera dans les airs avec beaucoup de majesté, s'efforçant d'atteindre Hénoch et Elie pour leur livrer bataille dans les nues et les précipiter sur la terre. C'est à ce moment de présomption extravagante que se réalisera la prophétie si claire de saint Paul : « Et alors se découvrira l'Impie que le Seigneur Jésus détruira par le souffle de sa bouche et qu'il perdra par l'éclat de sa présence : *Tunc revelabitur ille iniquus quem Dominus Jesus interficiet spiritu oris sui et destruet illustratione adventûs sui eum* (1). »

L'Apocalypse nous donne à entendre comment

(1) IIe Epître de saint Paul aux Thessal. ch. II, v. 8.

aura lieu ce châtiment subit, dans le verset qui suit le passage que nous avons expliqué au chapitre précédent. « Et à cette même heure, il se fit un grand tremblement de terre; la dixième partie de la ville tomba, et sept mille hommes périrent dans le tremblement de terre. Le reste fut saisi de crainte et rendit gloire à Dieu (1). » A l'instant donc où le fils de perdition, montant vers les cieux, va disparaître au milieu des nuages, il se fait un vent violent, suivi d'un horrible tremblement de terre qui bouleverse toute la contrée. Une notable partie de la grande ville s'écroule avec fracas. Les faux docteurs et leurs adhérents périssent presque tous ; et l'Antechrist, précipité d'en haut dans les gouffres de la terre entr'ouverte, tombe tout vivant au fond des enfers. Simon le magicien, s'élevant à Rome dans les airs par l'assistance directe des esprits de ténèbres et retombant ensuite, à la prière de saint Pierre et de saint Paul, sur le sol où il se brise les membres et se tue, comme le rapporte l'histoire, est une image frappante de l'effroyable catastrophe en laquelle périront l'Antechrist et ses vils courtisans (2).

C'est alors que les Juifs qui survivront,

---

(1) Apocalypse, ch. xi, v. 13.
(2) Voyez la note 6 à la fin du volume.

voyant de leurs propres yeux les terribles châtiments de la justice divine et la réalisation pleine et entière des menaces qu'Hénoch et Elie avaient faites, se souviendront de leurs exhortations à la pénitence et commenceront à les mettre en pratique. C'est alors que, témoins de l'imposture de cet exécrable tyran qui se donnait pour le Messie, de son ignominie et de son sort épouvantable, ils crieront tous ensemble miséricorde à Dieu et se convertiront sincèrement à lui et à son vrai Christ, Jésus de Nazareth, Notre-Seigneur, autrefois crucifié par leurs pères. *Videbunt in quem transfixerunt* (1).

Cette conversion complète du peuple juif est clairement annoncée dans les saintes Ecritures. Elle a toujours fait l'objet de la pieuse croyance des siècles chrétiens. Nous allons brièvement en traiter dans le chapitre suivant.

CHAPITRE XII

Preuves de la conversion future des Juifs.

Le savant Duguet a fait un ouvrage estimé,

(1) Evang. selon saint Jean, ch. xix, v. 37.

dans lequel il trace d'abord les véritables règles pour l'intelligence des saintes Ecritures, et puis en fait l'application au retour général des Juifs et à leur rappel à la foi avant la fin des temps. Le lecteur qui voudrait approfondir ce sujet, fera bien de le consulter à loisir. Ici nous ne pouvons qu'indiquer les principaux fondements sur lesquels repose cette vérité importante. Nous mettrons à profit le travail du docte commentateur.

Mais avant toutes choses, il convient de citer les termes mêmes de la prophétie, telle que l'ont formulée le prophète Osée et l'apôtre saint Paul.

« Les enfants d'Israël seront pendant longtemps sans roi, sans sacrifice, sans prince, sans autel, sans Ephod, sans Théraphims. Et après cela, les enfants d'Israël reviendront ; et ils chercheront le Seigneur leur Dieu et David leur roi ; et dans les derniers jours, ils recevront avec une frayeur respectueuse le Seigneur et les grâces qu'il doit leur faire (1). »

« Dieu n'a point rejeté pour toujours son peuple... La chute d'Israël n'est point sans ressource... Leur rappel sera un retour de la mort à la vie... Les rameaux dispersés de cet arbre

(1) Prophétie d'Osée, ch. III, v. 4 et 5.

antique seront entés de nouveau sur leur tige et leur propre tronc... Ils sont très-aimés à cause de leurs pères... Ils recevront plus tard miséricorde... Une partie d'entre eux n'est tombée dans l'aveuglement que jusqu'à ce que la plénitude des Gentils soit entrée dans l'Eglise. Mais après cela, tout Israël sera sauvé, selon qu'il est écrit : il sortira de Sion un libérateur qui bannira l'impiété de Jacob ; et c'est là l'alliance que je fais avec eux, lorsque j'aurai effacé leurs péchés (1). »

Voilà des expressions formelles. Essayons maintenant de prouver que la réalisation de ces prophéties arrivera infailliblement, c'est-à-dire qu'il viendra certainement une époque avant la fin des siècles, où tous les enfants de Jacob adoreront Notre-Seigneur Jésus-Christ et entreront au sein de son Eglise catholique.

§ Ier. — PREMIÈRE PREUVE.

Il est clairement annoncé dans les saintes Ecritures et notamment aux chapitres quarante-troisième du prophète Isaïe et quarante-sixième du prophète Jérémie, que le peuple d'Israël

---

(1) Epitre aux Romains, ch. xi, passim.

subsistera toujours au milieu de ses châtiments et de sa misère, par suite d'une protection miraculeuse d'en haut, jusqu'à la consommation de toutes choses.

« Voici ce que dit le Seigneur qui te crée, ô Jacob, et qui te forme, ô Israël : ne crains point, parce que je t'ai racheté et que je t'ai appelé par ton nom ; tu es à moi. Lorsque tu marcheras au travers des eaux, je serai avec toi, et les fleuves ne t'engloutiront point. Lorsque tu marcheras dans le feu, tu n'en sera point brûlé, et la flamme sera sans ardeur pour toi... Je suis ton Sauveur... Tu es honorable à mes yeux... Je t'ai aimé... Ne crains rien, car je suis avec toi. Je ramènerai ta race de l'Orient et je te rassemblerai de l'Occident. Je dirai à l'aquilon : donne ; et au midi : n'empêche pas ; apporte mes fils des régions lointaines et mes filles des extrémités de la terre (1). »

« Ne crains point, ô Jacob mon serviteur, ne tremble point, Israël. Car je te sauverai des pays lointains, et je ramènerai ta race de la terre de captivité ; et Jacob reviendra, et il prospèrera, et il n'y aura plus personne qui lui fasse frayeur. Oui, ne crains rien, Jacob mon servi-

(1) Prophétie d'Isaïe, ch. XLIII, v. 1 et suiv.

teur, dit le Seigneur, parce que je suis avec toi, parce que j'exterminerai les nations parmi lesquelles je t'ai banni et dispersé. Pour toi, je ne t'exterminerai point, mais je te châtierai seulement dans ma justice (1). »

Isaïe et Jérémie, dans ces passages, ne faisaient qu'expliquer et confirmer les paroles de Moïse qui, dans ses dernières instructions à son peuple, lui disait : « Le Seigneur ton Dieu te ramènera de ta captivité et il prendra compassion de ton malheur, et il t'assemblera de nouveau, du milieu de tous les peuples parmi lesquels il t'avait dispersé. Quand tu aurais été jusqu'aux pôles du ciel, le Seigneur ton Dieu t'en retirera : il te prendra, il t'introduira dans la terre qu'ont possédé tes pères... Le Seigneur circoncira ton cœur et le cœur de ta descendance, afin que tu aimes le Seigneur ton Dieu de tout ton cœur, de toute ton âme et que tu puisses vivre. Toutes ces malédictions, il les tournera sur tes ennemis, sur tous ceux qui te haïssent et te persécutent. Tu reviendras donc et tu écouteras la voix du Seigneur ton Dieu, et tu observeras tous les commandements que je te fais aujourd'hui (2). »

(1) Prophétie de Jérémie, ch. XLVI, v. 27 et suiv.
(2) Deutéronome, ch. XXX, v. 3 et suiv.

Or la promesse absolue et immuable faite par le Seigneur de conserver Israël est toujours jointe à celle de son retour à la vraie foi et de son rappel au sein de la véritable Eglise, comme on peut le voir en lisant attentivement le chapitre ci-dessus indiqué d'Isaïe et le quatrième du prophète Baruch qui ne sont que des paraphrases du passage précité du Deutéronome. D'autre part ce rappel et ce retour signifient la conversion au service du Seigneur, la pratique de son culte légitime, l'obéissance exacte à sa loi sainte, enfin l'amour de sa parole et de ses commandements, comme il est facile de s'en convaincre en lisant le troisième chapitre de Jérémie et le deuxième de Baruch, où nous trouvons ces magnifiques promesses :

« Voici ce que dit le Seigneur : si je n'ai pas fait une alliance durable entre le jour et la nuit ; et si je n'ai pas tracé des lois inviolables au ciel et à la terre, pour lors, je rejetterai la race de Jacob et de David mon serviteur, afin de ne point prendre de ses descendants pour princes des enfants d'Abraham, d'Isaac et de Jacob. Je les ramènerai et je leur ferai miséricorde... Et en ces jours-là Israël sera sauvé et la justice fleurira chez lui et par toute la terre :

et le nom qu'ils invoqueront, c'est celui du Seigneur qui est infiniment juste et bon pour son peuple (1). »

« Je sais que ce peuple a la tête dure ; mais il rentrera enfin en lui-même dans la terre de sa captivité. Et ils sauront que c'est moi qui suis le Seigneur leur Dieu ; et je leur donnerai un cœur, et ils comprendront; des oreilles, et ils entendront. Et ils me loueront dans la terre de leur exil ; et ils se souviendront de mon nom... Et je ferai avec eux une alliance nouvelle et éternelle, afin que je sois leur Dieu et qu'ils soient mon peuple. Et je n'ébranlerai plus mon peuple, les enfants d'Israël, de la terre que je leur ai donnée (2). »

§ II. — SECONDE PREUVE.

On ne doit point dire que les nombreuses annonces de ce rappel et de cette conversion future peuvent s'entendre du retour d'Israël de la captivité de Babylone et de la piété de ceux qui en revinrent. Cela n'est pas du tout possible. Car le retour, dont parlent les prophètes que nous venons de citer, est général, commun à

---

(1) Prophétie de Jérémie, ch. XXXIII, v. 15 et suiv.
(2) Prophétie de Baruch, ch. II, v. 3 et suiv.

tous les Juifs, aussi universel que leur dispersion, et s'étendant d'une extrémité du monde à l'autre. C'est un retour suivi d'une pleine liberté et d'une perpétuelle autonomie ; c'est un retour irrévocable et dont l'admirable effet est de rétablir la nation dans tous ses droits et pour toujours.

Or il est évident qu'une restauration semblable ne saurait convenir et se rapporter au petit nombre d'enfants de Jacob, qui sortirent de Babylone une première fois sous Zorobabel et une seconde fois sous Esdras. Dix tribus préférèrent de rester dans la terre d'exil ; et elles furent imitées par plusieurs familles de Benjamin et de Juda qui n'eurent souci de revenir en leur patrie et aux champs de leurs pères.

Et d'ailleurs, quand bien même tous les Israélites seraient alors revenus en la terre de leurs aïeux dans la Palestine, ne voilà-t-il pas déjà dix-huit cents ans qu'ils en sont bannis et se trouvent dispersés jusqu'aux extrémités du monde ? Cette conversion complète, annoncée si formellement par les prophètes, ne peut pas davantage s'appliquer à cette même petite troupe d'Israélites qui revinrent de la captivité de Babylone. Car les Livres saints leur reprochent de grands désordres, communs à la plupart d'entre eux et pareils à ces prévarications mêmes qui avaient attiré sur eux et leur pays tant de malheurs. C'est ce qu'on voit dans le chapitre deuxième du prophète Aggée. Il faut donc bien se garder, comme l'ont fait quelques commentateurs, de confondre les antiques prophéties qui concernent la première vocation des Juifs avec celles qui regardent la seconde.

§ III. — TROISIÈME PREUVE.

Les Ecritures font aux Juifs des promesses postérieures à la vocation des Gentils, à l'établissement du vrai culte de Dieu et à la conversion de toute la terre, et par conséquent postérieures aussi à la substitution des autres peuples à celui d'Israël. Or de pareilles promesses ne peuvent être confondues avec celles qui ont eu leur effet dans les premiers temps de l'Evangile ; et elles supposent nécessairement que la maison de Jacob sera rappelée dans une époque, qui évidemment suivra celle où les autres nations auront pris sa place.

Voyez et lisez le chapitre quarante et unième d'Isaïe et le trente-septième d'Ezéchiel pour vous en convaincre surabondamment. Vous méditerez surtout les passages suivants : « Que les îles se taisent et qu'elles m'écoutent !.. qui a fait sortir le juste de l'Orient et qui l'a appelé en ordonnant de le suivre ? Il a terrassé les peuples devant lui et il l'a rendu maître des rois... C'est moi qui suis le Seigneur ; c'est moi qui suis le le premier et le dernier. Les îles ont vu, et elles ont été saisies de crainte. Les hommes ont été frappés d'étonnement jusqu'aux extrémités du monde ; ils se sont approchés et ils sont venus. Ils s'entr'aideront tous les uns les autres ; chacun dira à son frère : prenez courage... Mais toi, Israël, mon serviteur, toi Jacob que j'ai élu, race d'Abraham mon ami, en qui je t'ai pris des extrémités du monde, je t'ai appelé de pays éloignés et je t'ai dit : tu es mon serviteur ; je t'ai choisi pour moi ; je ne t'ai point rejeté. Ne crains point, parce que je suis avec toi ; ne te détourne point, parce que je suis ton Dieu... Tu as été faible et humilié comme un ver de terre, tu as été comme mort ; c'est moi qui viens te secourir, dit le Seigneur ; c'est le Saint d'Israël qui es ton Rédempteur... Tu te réjouiras dans le Seigneur, tu trouveras tes délices dans le Saint d'Israël (1). »

(1) Prophétie d'Isaïe, ch. XLI, v. 1 et suiv.

« Alors le Seigneur me dit : ces ossements (arides et puis revivants) sont la maison d'Israël : Nos os, disent-ils, sont devenus secs ; notre espérance est perdue, et nous sommes retranchés. Prophétise donc, et tu leur diras : voici ce que dit le Seigneur-Dieu : ô mon peuple, je vais ouvrir vos tombeaux ; je vous ferai sortir de vos sépulcres ; et je vous ferai entrer dans la terre d'Israël. Et vous saurez, ô mon peuple, que c'est moi qui suis le Seigneur, lorsque j'aurai ouvert vos sépulcres et que je vous aurai fait sortir de vos tombeaux ; que j'aurai répandu mon esprit en vous, que vous serez rentrés dans la vie, et que je vous aurai fait vivre en repos sur votre terre ; vous saurez alors que c'est moi qui suis le Seigneur, qui ai parlé et qui ai accompli, dit le Seigneur-Dieu... Je vais prendre les enfants d'Israël du milieu des nations où ils étaient allés ; je les rassemblerai de toutes parts ; je les ramènerai en leurs pays, et je n'en ferai plus qu'un peuple... Ils seront mon peuple et je serai leur Dieu. Mon serviteur David règnera sur eux ; ils n'auront plus tous qu'un seul pasteur... Je ferai avec eux une alliance de paix ; mon alliance avec eux sera éternelle... Mon tabernacle sera chez eux, et les nations sauront que c'est moi qui suis le Seigneur et le Sanctificateur d'Iraël, lorsque mon sanctuaire se conservera pour jamais au milieu d'eux (1). »

Ajoutons que ces prophéties regardent réellement les restes des Juifs conservés à la fin des temps. Car elles ne parlent plus d'un petit nombre, mais de tout le corps de la nation. Elles ne disent pas seulement que quelques-uns d'entre eux seront sauvés par la grâce du Rédempteur, comme il arriva vers l'époque de la prédication des apôtres, mais de plus qu'Israël tout entier se convertira pleinement au Seigneur. C'est ce que distinguent clairement Isaïe au chapitre cinquante et unième, Michée au chapitre septième et Ezéchiel aux chapitres trente neuvième et quarante-septième. Nous y lisons entre autres paroles :

« Le Seigneur consolera Sion ; il la consolera de toutes ses ruines. Il changera ses déserts en lieux de délices et sa solitude en un jardin très-agréable... Car le salut que je donnerai sera éternel ; et ma justice subsistera dans tous les siècles (2). »

« Qui est le Dieu semblable à vous, Seigneur

(1) Prophétie d'Ezéchiel, ch. xxxvii, v. 11 et suiv.
(2) Prophétie d'Isaïe, ch. li, v. 3.

qui effacez l'iniquité et qui oubliez les péchés des restes de votre héritage. Il ne fera plus désormais éclater sa colère, parce qu'il se plaît en la miséricorde (1). »

« La maison d'Israël saura depuis ce jour-là et dans tous les temps qui suivront, que c'est moi qui suis le Seigneur leur Dieu. Et les peuples sauront que la maison d'Israël sera devenue captive, mais à cause de son iniquité, parce qu'ils m'avaient abandonné et que je leur avais caché mon visage et les avais livrés à leurs ennemis... Je les ai traités selon leur impureté et selon leur crime ; et j'ai détourné d'eux mon visage... Maintenant je ramènerai les captifs de Jacob ; j'aurai compassion de toute la maison d'Israël... Je les ramènerai d'entre tous les peuples, sans laisser aucun d'eux en la terre étrangère. Je ne leur cacherai plus alors mon visage, parce que je répandrai mon esprit sur toute la maison d'Israël, dit le Seigneur Dieu (2). »

§ IV. — QUATRIÈME PREUVE.

En outre, les Ecritures parlent d'une conversion constante des Juifs, d'une fidélité éternelle,

(1) Prophétie de Michée, ch. vii, v. 18.
(2) Prophétie d'Ezéchiel, ch. xxxix, v. 22 et suiv.

d'une foi qui ne s'éteindra jamais, d'un rétablissement qui ne sera sujet à aucune variation, d'une ferme et éternelle possession de leur héritage, d'une assurance pleine et formelle qu'ils seront toujours attachés à la vérité et qu'ils demeureront fidèles à la vraie loi de Dieu jusqu'à la fin des siècles. On peut lire ces prophéties disséminées dans les Livres de l'ancien Testament, mais surtout aux chapitres d'Ezéchiel et de Michée que nous venons de citer, et de plus au trente-troisième de Jérémie et au deuxième de Baruch, dont nous avons transcrit plus haut quelques passages. Nous nous contenterons ici de mettre sous les yeux du lecteur les versets suivants du trente-deuxième chapitre de Jérémie, qui résument tout ce qu'ont prédit à ce sujet les autres endroits de l'Ecriture.

« Je rassemblerai les habitants d'Israël de tous les pays où je les aurai chassés dans l'effusion de ma fureur, de ma colère et de mon indignation ; je les ramènerai en ce lieu et je les y ferai demeurer dans une entière sûreté. Ils seront mon peuple et je serai leur Dieu : je leur donnerai à tous un même cœur ; et je les ferai marcher dans la même voie, afin qu'ils soient heureux, eux et leurs enfants. Je ferai avec eux une alliance perpétuelle ; je ne cesserai de les combler de bienfaits, et j'imprimerai ma crainte dans leur cœur, afin qu'ils ne se retirent point de moi. Je trouverai en eux ma joie, lorsque je leur aurai fait du bien ; je les établirai en cette terre, dans la vérité, avec toute l'effusion de mon cœur et de mon âme. Car voici ce que dit le Seigneur : comme j'ai affligé ce peuple par tous ces grands maux, je le comblerai de même de tous les biens que je leur promets (1). »

Au reste, il serait superflu de nous étendre plus au long sur cette matière. Nous savons positivement que la conversion des Juifs dans les derniers temps est un événement prédit par les Livres de l'ancien et du nouveau Testament, enseigné comme devant certainement arriver par les Pères et les docteurs de l'Eglise et admis par tous les peuples chrétiens comme l'un des plus doux objets de leurs espérances relativement à l'avenir.

(1) Prophétie de Jérémie, ch. xxxii, v. 37 et suiv.

CHAPITRE XIII

Conversion de tous les peuples procurée surtout par les Juifs devenus chrétiens fidèles.

En l'époque si heureuse pour la nation juive, dont nous avons parlé dans les pages précédentes, ce ne sera pas seulement l'élite de ses membres, mais tous indistinctement, qui seront comblés de grâces et remplis de l'esprit du Seigneur.

Au temps des apôtres et de la primitive Eglise, c'est un tout petit reste qui est élu, tandis que le corps entier est réprouvé. Le contraire arrivera vers la fin des siècles. Le corps tout entier sera comblé de bénédictions. La charité, le zèle, la piété, les plus belles vertus brilleront de toutes parts chez ce peuple revenu sincèrement à Dieu, tout comme l'argent et l'or brillaient autrefois dans le temple et les palais du roi Salomon. Le Père de famille se réconciliera enfin avec son Enfant prodigue ; et en le comblant de ses dons, il se dédommagera lui-même en quelque sorte de la longue séparation qu'il a dû maintenir entre son propre cœur et ce fils trop longtemps égaré. Notre-Seigneur Jésus-Christ, lorsqu'il nous racontait la touchante parabole de l'enfant prodigue, avait sans doute le dessein de nous apprendre les joies d'Israël en l'heure de son retour définitif à son miséricordieux Père céleste. Le prophète Zacharie aux chapitres huitième, neuvième et douzième, et le prophète Sophonie au chapitre troisième, apercevant dans le lointain des âges cette ère de bonheur et de sainteté pour le peuple de Dieu, ne tarissent point dans leurs louanges et leurs actions de grâces au Seigneur.

Mais tout en prédisant l'éminente piété des derniers Juifs, les Livres saints annoncent aussi que leur zèle et leur courage apporteront la lumière de la foi à toutes les nations encore infidèles, sans en excepter aucune (1).

Le prophète Zacharie au chapitre douzième, nous apprend qu'alors « Dieu rendra les chefs de Juda comme un tison de feu qu'on met sous le bois, comme un flambeau allumé dans de la paille, *in illa die ponam duces Juda sicut caminum ignis in lignis, et sicut facem ignis in fœno* (2). » C'est-à-dire, il les remplira de son esprit en telle

---

(1) Voyez la note 7 à la fin du volume.
(2) Prophétie de Zacharie, ch. xii, v. 6.

CONVERSION DE TOUS LES PEUPLES

abondance, et sa grâce donnera tant de force et de pénétration à leurs discours, qu'ils ressembleront à des flambeaux ardents au milieu des matières les plus combustibles, et que la flamme d'amour divin dont ils seront embrasés, convertira le monde en un vaste incendie « qui dévorera tous les peuples ; *et devorabunt ad dexteram et ad sinistram omnes populos* (1). »

Ainsi ces mêmes Juifs qui, durant leur dispersion et leur exil, n'auront été pour les autres nations, qu'un objet de mépris et de haine, parce qu'ils étaient frappés de la malédiction de leur Dieu et marqués du sceau de sa colère, contribueront puissamment à la conversion des infidèles et des hérétiques, en la dernière époque du monde. Ils porteront parmi les peuples « assis dans les ténèbres » la vive lumière qu'ils auront reçue et ils apprendront à ceux qui auront conservé la pureté de la foi, à l'estimer et chérir encore davantage.

Ce ne sera pas seulement une partie d'Israël, mais toute la maison de Jacob qui se chargera volontiers de ce glorieux ministère ; et les richesses merveilleuses dont elle sera comblée, deviendront le patrimoine de l'humanité tout entière. Il y aura, certes, au commencement de cette

(1) Prophétie de Zacharie, ch. XII, v. 6.

merveilleuse révolution, des luttes, des contradictions et de rudes combats. Mais à la fin, le succès sera si grand et la protection de Dieu si visible, que le genre humain, en masse, se présentera pour recevoir, de ces derniers venus, la lumière et l'assistance. Et quelque nombreuse que soit la foule de ces pieux Juifs, à peine suffiront-ils aux désirs et au zèle de sanctification excités alors parmi tous les peuples. « En ces jours-là, c'est le prophète Zacharie qui l'affirme, dix hommes des diverses nations prendront un Juif par la frange de sa robe et lui diront : nous irons avec vous, parce que nous avons appris que Dieu est avec vous. Et ainsi, il viendra une multitude de nations et de peuples puissants, pour chercher dans Jérusalem le Dieu des armées, et pour offrir leurs vœux devant le Seigneur (1). En ce jour-là, il sortira de Jérusalem des eaux vives dont la moitié se répandra vers la mer d'Orient, et l'autre vers la mer d'Occident, et elles couleront l'hiver et l'été. Le Seigneur sera le roi de toute la terre ; il n'y aura en ce jour-là que lui de Seigneur ; et son nom seul sera révéré (2). »

C'est encore ce qu'annonce avec non moins de

---

(1) Prophétie de Zacharie, ch. XII, v. 22 et 23.
(2) Ibid. ch. XIV, v. 8 et 9.

force et de clarté saint Jean dans l'Apocalypse, lorsque, après avoir parlé de la grande gloire et de l'éclatant triomphe que les glorieux survivants de la persécution de l'Antechrist rendront au Père tout-puissant et à Jésus-Christ son Fils, il ajoute ces mots expressifs : « Et je vis une mer de verre, mêlée de feu, » c'est-à-dire selon les interprètes, les baptisés, les martyrs, le peuple saint et parfaitement pur, « et ceux qui avaient vaincu la Bête et son image et qui n'avaient point voulu porter le caractère de son nom ; je les vis, dis-je, tous debout sur cette mer brillante comme du verre, portant les harpes de Dieu ; et ils chantaient le cantique de Moïse, serviteur de Dieu, et le cantique de l'Agneau, disant : vos ouvrages sont grands et admirables, ô Seigneur tout-puissant, ô Roi des siècles, vos voies sont justes et véritables ! qui ne vous craindra, Seigneur, et qui ne glorifiera votre nom ? car vous seul êtes miséricordieux ; et toutes les nations viendront et adoreront en votre présence, parce que vous avez manifesté vos jugements (1). »

Alors aura lieu la plus admirable époque de l'humanité, époque prédite en cent endroits de

(1) Apocalypse, ch. xv, v. 2 et suiv.

l'Ecriture, et dont nous allons dessiner brièvement quelques traits.

CHAPITRE XIV

De l'admirable époque qui suivra la conversion des Juifs.

Nous n'en connaissons pas même approximativement la durée. D'après plusieurs commentateurs et surtout le vénérable Holzhauser, elle doit être extrêmement courte et précéder presque immédiatement les redoutables séances du jugement général. Nous voudrions ne pas être de leur avis et partager plutôt celui d'un grand nombre d'autres docteurs ecclésiastiques, qu'on trouvera exprimé avec assez de détails dans un ouvrage que nous avons publié il y a quelques années (1). Ces auteurs prétendent donc que cette belle époque pourrait bien être de quelques siècles, durant lesquels Dieu complétera magnifiquement

---

(1) Les *Soirées de Chazeron* (d'Auvergne), ou Entretiens sur l'histoire de la déchéance et de la restauration humaine. Paris, rue Delambre, 9. L. Vivès, libraire-éditeur.

le nombre de ses élus. Mais sont-ils bien fondés à le dire les uns et les autres ? Il y a donc pour nous obligation de suspendre encore ici notre jugement sur ce point qu'éclaircira seulement l'avenir.

Saint Paul a voulu nous donner une idée de cet heureux temps, où tous les ennemis de Dieu auront disparu. Il écrit dans le premier chapitre de sa lettre aux Ephésiens. « Lorsque les temps seront accomplis, Dieu achèvera en Jésus-Christ la restauration, déjà commencée, des choses célestes et terrestres, en fera comme le sommaire et y mettra la dernière main. *Proposuit in dispensatione plenitudinis temporum, instaurare omnia in Christo quæ in cœlis et quæ in terra sunt* (1). » C'est-à-dire, qu'un jour le Seigneur opérera la récapitulation de tout ce qu'il a déjà fait pour relever l'homme de sa chute profonde, en composera une somme, un total auquel il ajoutera grandement encore. Et ce dernier tout formera la réhabilitation pleine et entière du genre humain.

Ce nouvel état de l'humanité créera une nouvelle ère du monde, dont le prince des apôtres s'est chargé de nous apprendre le nom, dans son

(1) Epître aux Ephésiens, ch. i, v. 10.

admirable discours aux Juifs, le lendemain de la Pentecôte. « Faites donc pénitence et convertissez-vous, afin que vos péchés soient effacés pour les temps du rafraîchissement, *tempora refrigerii*, que le Seigneur doit accorder, lorsqu'il enverra ce Jésus-Christ qui vous a été donné. Il faut cependant que le ciel le reçoive jusqu'au temps du rétablissement de toutes choses, *usque in tempora restitutionis omnium*, que Dieu a promis par la bouche de ses saints prophètes depuis le commencement du siècle (1). »

On ne peut s'empêcher d'être vivement frappé de ces expressions, *temps du rafraîchissement, tempora refrigerii*, temps du *rétablissement de toutes choses*. Sans partager entièrement l'opinion du jeune interlocuteur « des *Soirées de Chazeron*, » qui ose avancer que, avant le jugement général, aura lieu la parfaite restauration de l'humanité, consistant dans l'annulation complète des funestes résultats de la chute première, « annulation méritée à l'homme par la rédemption de Notre-Seigneur Jésus-Christ, qui est le grand axe autour duquel tournent les destinées du genre humain ; » sans croire absolument, disons nous, à cette réintégration totale

---

(1) Actes des Apôtres, ch. III, v. 19 et suiv.

de l'humanité dans l'état de justice et de bonheur terrestre, où elle se trouva au sortir des mains de son créateur, nous sommes convaincu néanmoins, que ces deux passages de saint Paul et de saint Pierre signifient une ère heureuse et d'admirable restauration, durant laquelle une foule de choses sur la terre, seront remises à leur place et rétablies dans ce bel ordre et cet harmonieux accord que Dieu avait répandus dès le commencement dans toutes ses œuvres, et qui furent si malheureusement troublés et détruits en grande partie par les atteintes funestes du péché originel.

Ce qui nous confirme dans ce sentiment, c'est cet endroit de la sublime Epître de saint Paul aux Romains : « Toutes les créatures attendent avec grand désir la manifestation des enfants de Dieu, parce qu'elles sont assujéties à la vanité ; et elles ne le sont pas volontairement, mais à cause de celui qui les y a assujéties, dans l'espérance qu'elles seraient elles-mêmes délivrées de cet asservissement à la corruption, pour participer à la glorieuse liberté des enfants de Dieu : car nous savons que, jusqu'à présent, toutes les créatures soupirent et souffrent les douleurs de l'enfantement ; et non seulement elles, mais nous encore qui possédons les prémices de l'esprit, nous gémissons en nous mêmes, attendant l'effet de l'adoption divine, qui sera la rédemption de nos corps (1). »

Ce passage m'a toujours étonné : chacun de ces mots me parait renfermer un mystère. Ces annonces merveilleuses furent sans doute expliquées aux fidèles de la primitive Eglise. Mais ces explications se sont perdues dans la suite des siècles. Saint Pierre, saint Paul, saint Jean et saint Jacques y font souvent allusion dans leurs Epîtres. Mais la tradition ne nous en a presque rien transmis. Etudions donc un instant, ces versets prophétiques. Retournons-les en tous sens, afin de saisir ce que, par eux, l'Apôtre a voulu nous apprendre.

Les créatures insensibles elles-mêmes attendent ce grand événement, car elles y participeront. On reconnait, dans ces expressions, l'annonce d'une rénovation future de la nature matérielle, c'est-à-dire, son rétablissement dans un état où les éléments qui la composent, auront infiniment plus d'harmonie et d'accord qu'aujourd'hui. Dérangées par le péché de l'homme, ces créatures, quoique irraisonnables, sont dans la souffrance.

(1) Epître aux Romains, ch. vIII, v. 19 et suiv.

SUITE DE LA CONVERSION DES JUIFS   143

On dirait qu'elles ont une espèce de sentiment de leur malheur, qui consiste à être obligées par la volonté divine, de servir l'homme coupable, et même de devenir, entre ses mains, des instruments d'iniquité. *Elles éprouvent les douleurs de l'enfantement*; car, de même que le travail de la réparation humaine se continue douloureusement depuis des milliers d'années, ainsi devons-nous croire qu'il en est de leur délivrance entière de la corruption, à laquelle elles furent autrefois assujéties. Mais à la fin de *ce siècle, elles participeront à la glorieuse liberté des enfants de Dieu*.

Vient ensuite la prophétie qui annonce le complément de la réparation pour le corps et l'âme de l'homme. Et en effet, non seulement la matière, la machine de ce monde matériel soupire après l'abolition de son esclavage; mais nous aussi *qui possédons les prémices de l'Esprit*, qui sommes régénérés, quant à l'âme, qui sommes restaurés en partie quant à l'intelligence et à la volonté, nous soupirons, ou du moins nous devons soupirer en nous mêmes et attendre le résultat de l'*adoption divine,* la rédemption de nos corps, la restauration complète et absolue de notre nature qui, alors, reprendra sa perfection primitive. Ce qui nous prouve que tel est le sens des paroles de saint Paul, c'est la phrase suivante où il dit, que nous ne sommes *encore sauvés qu'en espérance; spe salvi facti sumus;* phrase qui ne peut signifier rien autre chose sinon que, actuellement, bien que nous puissions tous obtenir le salut éternel par les mérites de Jésus-Chist, mort pour nous, néanmoins nous ne sommes encore réparés que partiellement, notre rédemption totale ne devant arriver que plus tard, à une époque et par un événement qui doivent faire l'objet de notre espérance (1).

Le lecteur désire-t-il une autre preuve de cette future époque de sainteté? nous la trouvons en ce verset de saint Marc, où le divin Maître dit à ses disciples, après sa descente du mont Thabor. « Elie, en effet, doit venir et il restaurera toutes choses d'abord. Mais, comme le Fils de l'homme, il sera en butte aux mépris et aux persécutions. *Elias, cùm venerit, restituet omnia,* » etc. (2). Il existe une analogie frappante entre ces paroles et celles de l'antique prophétie de Lamech, relativement à son fils Noé. Ce patriarche *devait soulager,* en le facilitant, *le travail de l'homme,* c'est-à-dire, assister au com-

(1) *Soirées de Chazeron,* tome II, p. 156 et 157.
(2) Evang. selon saint Marc, ch. IX, v. 11.

mencement de la Réhabilitation qui consistait dans une plus grande fertilité rendue à la terre par le déluge, au châtiment infligé aux impies par le terrible cataclysme, et à la rénovation sociale qui eut lieu à la sortie de l'arche. Le prophète Elie, à la fin des temps actuels, *restaurera tout*, *restituet omnia*, c'est-à-dire qu'il sera l'intrépide promoteur du perfectionnement chrétien de l'humanité, qui consistera en une plus parfaite application à l'homme, des fruits divins de la rédemption, comme il est permis de l'inférer de ces expressions de Notre-Seigneur, annonçant à ses Apôtres les événements des derniers jours : « Pour vous, levez alors vos têtes en haut, car votre rédemption est proche; *his fieri incipientibus, levate capita vestra; quoniam appropinquat redemptio vestra* (1). » Elie souffrira ; mais ses souffrances auront pour récompense immédiate, l'effusion d'un fleuve de bénédictions spirituelles et temporelles sur cette race humaine qu'il aura, au nom du vrai Rédempteur, courageusement conviée au salut par ses prédications et ses combats : plus heureux en cela que Noé, dont les charitables remontrances et les pieux exemples de soumission à

(1) Evang. selon saint Luc, ch. XXI, v. 28.

Dieu, ne servirent de rien à ses contemporains endurcis.

Il se rencontre dans l'ancien Testament beaucoup de textes d'une force également probante relativement à la conversion de tous les peuples de la terre au vrai culte du Seigneur. Nous en avons cité déjà quelques uns. Il serait trop long d'apporter ici tous les autres. Nous terminerons seulement par la prière prophétique, renfermée au chapitre trente-sixième de l'Ecclésiastique, qui les résume tous. Cette célèbre prophétie éclaircit et justifie tout ce que nous avons dit sur le retour des Juifs, et sur l'efficacité de leur zèle pour cette admirable conversion du monde, que chantaient d'avance leurs ancêtres dans le temple, en disant : « Les nations craindront votre nom, ô Seigneur ! et tous les rois de la terre révéreront votre gloire ; *timebunt gentes nomen tuum, Domine; et omnes reges terræ gloriam tuam* (1). » Et, d'ailleurs, comme elle est divisée en deux parties principales, celle qui a déjà été accomplie, devient la preuve de celle dont nous attendons l'accomplissement.

En la récitant, nous nous unirons d'intention avec le saint prophète. Nous prierons comme

(1) Psaume ci, v. 16.

lui Dieu, le maître des siècles, le souverain arbitre des événements, de hâter l'arrivée de ce temps heureux, mais probablement assez court, où il sera connu, aimé, servi avec Jésus-Christ, son fils, par toute la terre, où se consommera rapidement le nombre de ses élus et achèvera de se mûrir cette admirable moisson qu'il doit, au jugement dernier, « recueillir dans ses greniers éternels. »

« O Dieu, Seigneur de toutes choses, ayez pitié de nous, regardez-nous et montrez-nous la lumière de vos miséricordes. Répandez votre crainte sur les nations qui ne se mettent point en peine de vous rechercher, afin qu'elles reconnaissent qu'il n'y a point de Dieu que vous seul, et qu'elles publient la grandeur de vos merveilles. Etendez votre main sur les peuples étrangers, et faites leur sentir votre puissance. Comme ils ont vu de leurs yeux que vous avez été sanctifié parmi nous, faites que nos yeux voient aussi éclater votre grandeur parmi eux, afin qu'ils vous connaissent comme nous vous avons connu. Opérez de nouveaux prodiges ; pressez le temps et hâtez la fin, et faites que les hommes publient vos merveilles.

« Rassemblez toutes les tribus de Jacob, afin

qu'ils connaissent qu'il n'y a point d'autre Dieu que vous ; qu'ils racontent la grandeur de vos merveilles et qu'ils deviennent votre héritage, comme ils l'ont été au commencement. Ayez pitié de votre peuple qui a été appelé de votre nom, et d'Israël que vous avez traité comme votre fils aîné. Remplissez Sion de la vérité de vos paroles ineffables, et votre peuple de votre gloire. Rendez témoignage à ceux qui sont vos créatures dès le commencement, et vérifiez les prédictions que les anciens prophètes ont prononcées en votre nom. Récompensez ceux qui vous ont attendu longtemps, afin que vos prophètes soient trouvés fidèles ; et exaucez les prières de vos serviteurs, selon les bénédictions qu'Aaron a données à votre peuple ; et conduisez-nous dans la voie de la justice, et que tous ceux qui habitent la terre sachent que vous êtes le Dieu dominateur des siècles (1). »

(1) Livre de l'Ecclésiastique, ch. xxxvi, v. 1 et suiv. jusqu'à 19.

SECONDE PARTIE.

SUR L'ÉPOQUE ÉLOIGNÉE OU PROCHAINE DE L'AVÉNEMENT DE L'ANTECHRIST.

AVANT-PROPOS.

Cette seconde partie de notre travail est très-importante, comme l'indique suffisamment son titre. Si le règne de l'Antechrist ne doit arriver qu'à une époque encore très-éloignée de nous, il est évident que ce grand événement ne peut nous donner qu'une médiocre préoccupation. Mais s'il doit venir prochainement, il est encore plus clair qu'il nous faut en faire le sujet de nos méditations et de nos soucis. Car, dans ce cas, les affaires présentes seraient un véritable acheminement et une préparation immédiate à ce terrible état du monde.

Or donc, avec une foule de personnages éminents, nous inclinons à croire que toutes les choses actuelles annoncent comme peu éloignée la formation de cet empire universel si clairement prédit ; et elles nous paraissent en outre extrêmement propres à la préparer. Pour plus d'ordre et de clarté, il nous a semblé utile de diviser en autant de chapitres les diverses preuves sur lesquelles nous nous sentons comme entraîné à baser cette espèce d'affirmation, qui paraîtra peut-être à quelques-uns indiscrète et téméraire.

CHAPITRE I

Nous sommes actuellement vers la fin du sixième âge de l'Eglise.

La plupart des commentateurs de l'Ecriture sainte, s'appuyant sur les prophéties qu'elle renferme, divisent l'histoire de l'Eglise en sept âges ou époques. Il suffira de citer ici ceux d'entre ces auteurs qui se sont principalement appliqués à l'explication des textes relatifs au sort futur de l'Eglise, comme Cornelius a Lapide, l'abbé de Lachétardie, les éditeurs de la Bible de Vence, le vénérable Holzhauser. Bien qu'ils diffèrent sur le temps précis auquel ont dû commencer quelques-uns de ces âges, ils s'accordent néanmoins tous sur l'époque du quatrième et du cinquième : ce qui est très-important pour nous aider à déterminer les commencements du sixième.

Le premier âge commence à la naissance de Notre-Seigneur, et finit au martyre de saint Pierre et de saint Paul, sous l'empereur Néron.

Il est appelé communément l'âge de l'ensemencement, *œtas seminativa*; parce que c'est alors que fut semé l'admirable grain de sènevé dont parle l'Evangile, que la vivifiante parole de Dieu fut prêchée au monde, que s'opéra la grande œuvre de la régénération humaine, que le Démon fut vaincu dans les idoles, que Jésus, le céleste vigneron, commença de planter sa vigne spirituelle, et qu'enfin l'Eglise catholique naquit et remplaça dans ses priviléges l'antique synagogue.

Le second âge comprend le temps des dix grandes persécutions de l'Eglise. Il dura depuis l'élection de saint Lin au souverain pontificat jusqu'au martyre du pape saint Marcellin, vers la fin de la persécution de l'empereur Dioclétien. On l'appelle l'âge d'irrigation, *œtas irrigativa*; parce que ce fut alors que l'Eglise de Dieu, cette terre qui produit les âmes saintes, fut arrosée par le sang des martyrs, qu'elle reçut le don d'une fécondité merveilleuse, que la croix fut arborée de toute part, et que la semence de la doctrine divine, ayant fermenté et pris racine, s'accrut et se multiplia par tout l'univers.

Le troisième commence à l'exaltation de saint Sylvestre sur la chaire apostolique et finit sous le pape Léon III, en l'année du couronnement de Charlemagne, comme empereur d'Occident. On le nomme l'âge de l'illumination, *œtas illuminativa ;* parce que c'est alors que, l'empereur Constantin s'étant converti au Christianisme, cette auguste religion répandit bientôt sa lumière sur tous les peuples ; que se firent dans de célèbres conciles l'explication et la proclamation des principaux dogmes de la foi catholique, tels que ceux de la très-sainte Trinité, de la divinité de Jésus-Christ, des prérogatives de son humanité, de la maternité divine de Marie, de la procession du Saint-Esprit, des opérations de la grâce, etc. ; que, pour éclairer et diriger sa chère Eglise, Dieu lui donna les docteurs les plus saints et les plus savants, tels que saint Ambroise, saint Augustin, saint Léon le Grand, saint Jérôme, saint Jean Chrysostome, saint Grégoire le Grand, saint Basile, et plusieurs autres Pères grecs et latins.

Le quatrième comprend tout ce long intervalle qui va du rétablissement de l'empire d'Occident par Léon III et Charlemagne, jusqu'au pape Léon X, vers le commencement du xvie siècle. On le surnomme l'âge pacifique, *œtas pacifica.* C'est durant cette longue période de six ou sept siècles que l'Eglise jouit de la paix la plus profonde, et devint l'objet du respect de tous les peuples; que fleurirent plusieurs grands saints parmi les rois et les empereurs, les évêques et les papes, les prêtres et les laïques; que les plus célèbres ordres religieux prirent naissance, que l'hérésie n'osa point lever la tête pendant un espace de plus de deux cents ans; et que l'Eglise, profitant du repos qui lui était fait, bâtit les plus beaux temples, établit les plus augustes cérémonies, et s'embellit par l'effusion de la plus pure science théologique comme par la bonne odeur des plus éminentes vertus.

Le cinquième a commencé sous le pontificat de Léon X, vers l'an 1520, et a dû finir après les mauvais jours de la Révolution française, quand le pape Pie VII, de glorieuse mémoire, prit en main le gouvernail de l'Eglise, et Napoléon Bonaparte celui de la France vers 1800. On l'a nommé l'âge de l'épuration et de la pauvreté, *œtas purgativa*. C'est, en effet, dans cet âge que Notre-Seigneur s'est plu à éprouver et épurer l'Eglise catholique, qui est la mère de ses élus, par toutes sortes de calamités, par la défection d'un grand nombre de peuples qui se sont jetés dans l'hérésie de Luther et de Calvin, par une foule de guerres désastreuses, par la spoliation de la plupart des biens ecclésiastiques, par la suppression violente des évêchés, par la décadence ou la destruction des monastères, les persécutions des princes hérétiques, les mépris et les affronts des gouvernements soi-disant catholiques, par l'affaiblissement de la foi, l'audace de l'impiété, les blasphèmes toujours croissants contre Dieu et sa providence, contre Jésus-Christ et ses saints.

Le sixième âge doit s'étendre depuis l'avènement de Pie VII, le pontife saint, jusqu'à l'avènement de l'Antechrist. On a cru pouvoir le nommer l'âge de consolation, *œtas consolativa*; parce qu'alors Dieu consolera son Eglise des grandes tribulations qu'elle aura endurées pendant l'époque précédente. Beaucoup de préjugés contre elle tomberont ; le sacerdoce fleurira plus que jamais ; Dieu donnera de bons pasteurs aux peuples, une foule d'hérétiques reviendront à l'antique foi de leurs pères. Les Eglises particulières s'attacheront plus fortement que jamais à l'Eglise romaine, leur mère et maîtresse ; et l'Evangile sera prêché aux nations les plus lointaines et jusqu'ici les plus enfoncées dans les ténèbres de la superstition et de l'idolâtrie.

Le septième âge, enfin, s'inaugurera par le règne de l'Antechrist, et durera jusqu'au jugement général qui n'aura lieu qu'à la fin du monde. On l'appelle à bon droit l'âge de la désolation, *œtas desolationis*, parce qu'alors il y aura chez les peuples chrétiens défection totale de la foi ; que la plus terrible des persécutions sévira contre l'Eglise, et que « l'abomination de la désolation » prédite par le prophète Daniel, et annoncée si positivement de nouveau par Notre-Seigneur, s'accomplira dans tout lieu saint. Mais ces malheurs seront suivis de la conversion des Juifs et de toutes les nations infidèles, d'une nouvelle ère de bonheur et de piété dont il n'est pas possible d'assigner, même approximativement, la durée, et que clôra l'apparition au ciel du redoutable signe du Fils de l'homme venant juger les vivants et les morts.

Au sujet de la détermination de ces âges, nous devons faire remarquer ici qu'un grand nombre des commentateurs, dont nous avons parlé au commencement de ce chapitre, diffèrent de sentiment avec les auteurs de la Bible de Vence et le vénérable Holzhauser. Comme ces derniers, ils placent bien le commencement du cinquième âge à l'avénement de Léon X et à la naissance de l'hérésie protestante. Mais ils le font durer jusqu'à l'apparition de l'Antechrist. Alors, selon eux, le sixième inauguré par le règne de cet exécrable tyran, durerait jusqu'au jugement général ; et le septième ne serait autre que l'éternité, bienheureuse pour les élus et malheureuse pour les réprouvés.

S'il nous était permis d'émettre ici notre sentiment, nous adopterions de préférence la première division. Elle nous paraît plus simple et plus naturelle. Il nous semble que l'éternité, n'ayant point de bornes et n'appartenant point par conséquent aux choses passagères du monde terrestre, ne pouvait être l'un des âges de l'Eglise *militante*, mais seulement la magnifique récompense, *merces magna nimis*, de cette même Eglise lorsqu'elle sera tout entière *triomphante*.

Quoiqu'il en soit de la légitimité de ces deux méthodes, et quelle que soit celle que l'on préfère, notre proposition ou plutôt la conjecture fortement prononcée, que nous avons émise en tête de ce chapitre, n'en reçoit aucune atteinte. Dans le premier cas, nous sommes au milieu et peut être vers la fin du sixième âge, lequel précède la venue de l'Antechrist; et dans le second cas, nous avons déjà vu passer près de trois cent cinquante années du cinquième âge, c'est-à-dire incontestablement la plus grande partie ; et il se termine de même à l'avénement « du fils de la perdition (1). »

CHAPITRE II

Le déchaînement de Satan prédit par les saints Livres a eu lieu, selon toute apparence, depuis déjà longtemps.

Nous lisons au chapitre vingtième de l'Apocalypse : « Et je vis un ange qui descendait du ciel, tenant en sa main la clef de l'abîme et une grande chaîne. Et il saisit le Dragon, l'antique Serpent, qui est le Diable et Satan. Et il le lia et il l'enchaîna dans l'abîme, afin qu'il ne séduise plus les nations, jusqu'à ce que mille ans soient passés... Et lorsque les mille années seront finies, Satan sera délivré de ses chaînes ; et il sortira de son cachot ; et il séduira les peuples. Mais son règne ne sera pas long. Le feu du ciel, tombé sur lui, le précipitera dans l'étang infer-

---

(1) Voyez la note 8 à la fin du volume.

nal... Et puis j'ai vu les morts, petits et grands, debout devant le Seigneur (1). »

Bien qu'expliquées de différentes manières par les auteurs chrétiens, ces paroles de l'oracle sacré ont toujours été néanmoins ramenées au sens général de l'enchaînement du prince des démons, après les jours de la Rédemption du Calvaire, puis de sa délivrance vers les derniers siècles, et enfin de son étonnant pouvoir de séduire alors et d'attirer à lui presque toute la terre.

Bossuet, dans sa *Préface de l'Apocalypse*, résume ainsi cet enseignement et cette tradition : « C'est donc alors que saint Jean voit le démon enchaîné. C'est de là qu'il faut compter les mille ans mystiques de la prison de Satan, jusqu'à ce que, aux approches du dernier jour, sa puissance, qui est restreinte en tant de manières par la prédication de l'Evangile, se déchaînera de nouveau pour un peu de temps, et que l'Eglise souffrira, sous la redoutable, mais courte tyrannie de l'Antechrist, la plus terrible tentation où elle ait jamais été exposée. »

Ici l'on demande avec raison : qu'est-ce que cet enchaînement de Satan ? quand et comment

(1) Apocalypse, ch. xx, v. 1, 2, 3, 7, 8, 12

a-t-il eu lieu? doit-il durer longtemps, et pendant combien d'années ce méchant esprit aura-t-il le pouvoir de séduire le monde avant son dernier châtiment fixé vers la fin des siècles?

En réponse à la première question, nous devons dire que cet enchaînement du démon peut s'entendre de deux manières, au sens propre et au sens figuré. « Si nous en croyons plusieurs saints docteurs, Satan a été vraiment *enchaîné*, mais de la façon que peuvent l'être les esprits. L'ange que vit saint Jean, revêtu de la force de Dieu et ministre de sa volonté, vint signifier à cet esprit de ténèbres de descendre dans l'abîme, c'est-à-dire de se résoudre à l'inaction, de tomber dans l'inertie, cette inertie qui, n'étant que la condition de la matière, sert de tombeau ou de prison à l'esprit dont la nature est essentiellement active. Et il contraignit cette fière intelligence à une si profonde dégradation d'elle-même, par l'énergie de la puissance divine dont il était armé et à laquelle ne résiste aucune créature. Tant que ce châtiment a duré, Satan n'a pu venir de sa personne sur la terre ou dans l'air pour les infecter de ses malicieuses influences; il ne lui a pas été permis de se servir de son activité naturelle qui est énorme, ni de se mêler à la société humaine pour y répandre le désordre et le malheur, consigné qu'il est dans l'abîme de sa faiblesse par le redoutable bras de son créateur (1). »

Si l'on préférait le sens figuré, qui néanmoins est rejeté par presque tous les commentateurs, il est facile de comprendre qu'il s'agit des erreurs et des vices qui, introduits dans le monde par l'ennemi et le tentateur du genre humain, et ensuite arrêtés et comme suspendus par la grâce de notre divin Rédempteur pendant plusieurs siècles, redoubleront leurs ravages à l'approche des derniers jours.

J'affirme, en réponse à la seconde question, que l'incarcération de Lucifer ne s'est opérée qu'après la venue de Jésus-Christ qui devait, d'après l'antique prophétie, renverser son empire ; et j'estime qu'il conviendrait d'en fixer la date, non point aux années qui suivirent immédiatement le grand acte de la Rédemption du monde sur le Calvaire, mais seulement à l'époque où la religion chrétienne devint dominante sur la terre. Or à quelle année de l'histoire doit-on placer cet heureux triomphe ? Quand l'univers se courba-t-il sous le suave joug de l'Evangile ?

---

(1) *Soirées de Chazeron*, tome II, p. 229.

Nous inclinons à croire qu'il conviendrait de rapporter au milieu du viᵉ siècle, ce grave événement spirituel de l'enchaînement du prince des démons dans l'abîme ; car c'est véritablement à cette époque, aussitôt après le cinquième concile général, que les puissances de l'Enfer, représentées précédemment par l'Arianisme et le Nestorianisme, cessèrent de combattre ouvertement la divinité de Jésus-Christ et cédèrent définitivement la victoire à son Eglise.

« Mille ans commencés en 550 finissent en 1550. Durant cette intervalle de dix siècles, si la domination de Satan ne cessa point tout à fait de peser sur le genre humain, elle fut du moins singulièrement affaiblie. Ce fut l'âge le plus vigoureux de l'Eglise. L'histoire doit donc nous fournir aussi, vers le milieu du xviᵉ siècle, un événement extraordinaire qui soit le signal et le commencement d'une grande et longue guerre contre le catholicisme. Et c'est ce qu'elle a fait. A cette époque est né le protestantisme, qui est la doctrine du libre examen, le règne de la raison individuelle, le mépris de toute autorité religieuse, la porte ouverte à toutes les hérésies, l'arme qui sape et détruit tous les dogmes, la route qui conduit l'esprit humain à toutes les erreurs, le père du déisme, du rationalisme, du panthéisme, et de leur jeune frère le socialisme, enfin la cause première des maux qui dévoreront la société actuelle (1). »

Ce long combat des Puissances infernales dirigées par leur chef en personne, dure encore aujourd'hui. Nous en sommes les spectateurs et les victimes comme l'ont été nos pères. Il centuplera la violence de ses ravages sous le règne de l'Antechrist, alors que l'Enfer tentera le plus gigantesque effort pour exterminer la papauté et le catholicisme.

Enfin quant à la troisième question, nous ne pouvons pas davantage et même encore moins la résoudre clairement et pleinement ; Dieu seul sait ce qu'il fera dans l'avenir. Néanmoins plusieurs Pères et docteurs ont cru qu'il fallait appliquer à la durée de cette séduction diabolique, les quarante-deux mois accordés, dans Daniel et dans l'Apocalypse, à la Bête infernale pour persécuter les saints. D'après leur opinion, et selon l'usage fréquent des prophètes, ces expressions numériques représenteraient un nombre d'années en rapport avec la longueur de la vie de l'Eglise sur la terre et signifieraient trois siècles et demi,

(1) *Soirées de Chazeron*, tome II, p. 232.

en donnant à chaque année de douze mois la valeur d'un siècle. Trois cent cinquante à quatre cents ans, telle serait donc probablement la durée du déchaînement de Satan, jusqu'à son éternel châtiment qui suivra la mort de son plus fidèle représentant, l'Antechrist. Qu'on ajoute ce temps à 1550, et l'on aura le chiffre de 1900 à 1950.

CHAPITRE III

La conversion des Juifs paraît ne pas être fort éloignée.

Nous avons rapporté plus haut les divers témoignages de l'ancien et du nouveau Testament sur lesquels s'appuient les traditions juives et chrétiennes, pour annoncer comme absolument certains le retour et la conversion d'Israël avant la fin des siècles.

On a fait plusieurs calculs pour établir que cette conversion des Juifs pourrait fort bien arriver dans les dernières années du XIXe siècle. On a dit, par exemple, que les 430 jours pendant lesquels le prophète Ezéchiel reçut du Seigneur l'ordre de se tenir couché, tantôt sur son flanc gauche et tantôt sur son flanc droit, en expiation des iniquités de la maison de Jacob, annonçaient et symbolisaient la durée de la longue infidélité dans laquelle la nation juive persévère depuis le sac de Jérusalem. Et puis, par des combinaisons de chiffres ou de dates assez ingénieuses, on a trouvé que la cessation de cet aveuglement d'Israël coïnciderait très-probablement avec la la fin du présent siècle. Nous n'entrerons pas dans tous ces détails.

Osée, dans le passage que nous avons cité plus haut, ayant affirmé que les fils de Jacob *resteront de longs jours sans chef et errants parmi les nations, et puis qu'ils se convertiront à Dieu avant son jour terrible ;* on a calculé, additionné les nombres indiqués par les lettres dont se composent les mots hébreux du texte, traduits par ceux-ci : *dies multos sedebunt ;* et on est arrivé au chiffre de 1790 ou 1800 qui correspond au temps écoulé entre la prise de Jérusalem vers l'an 70 de l'ère chrétienne et l'an 1860 ou 1870. On sait que, chez les Juifs, les lettres étaient numérales.

On a cru aussi que l'homme paralytique de la piscine probatique dont parle saint Jean au chapitre cinquième de son Evangile, prédisait et figurait la paralysie religieuse et politique des Israélites; et dans cette idée, on a fait des trente-huit ans de la maladie de cet homme, des années jubilaires, équivalant chacune à un demi-siècle et formant ensemble un total de dix-neuf cents ans, lesquels commencés à Hérode, premier prince étranger imposé aux Juifs, se terminent encore vers l'année 1860 ou 1870 de notre ère.

Dans tous ces calculs et rapprochements, il y a certainement, croyons-nous, plus d'adresse que de vérité. Aussi ne voulons-nous pas nous y arrêter. Nous les avons cités seulement comme des indices d'un certain pressentiment qu'on a de la prochaine conversion du peuple juif. Nous connaissons des personnes qui croient assez fermement à la proximité de ce grand fait, pour avoir seulement considéré avec attention le curieux spectacle que présente cette nation d'Israël depuis près de cinquante ans.

L'établissement du régime constitutionnel, qui a modifié si profondément l'Europe monarchique, a étendu son influence sur les mœurs et coutumes de la maison de Jacob. Le Juif semble avoir cessé de se mettre à l'écart dans la société européenne. Il paraît vouloir se fondre insensiblement avec les autres peuples, en participant à leurs droits et devoirs civils et politiques. En France, on dirait qu'il n'y a plus de Juifs proprement dits. Déjà l'Allemagne, l'Italie, l'Espagne et l'Angleterre imitent ce qui se fait vis-à-vis d'eux en France. Et le fils de Jacob qui naguère était exclu de tout emploi public, séquestré dans le quartier le plus reculé de certaines villes, honni du chrétien et montré au doigt comme un déicide, se place maintenant presque partout sur le pied d'une complète égalité avec les autres habitants du pays qui l'a vu naître.

Cette rapide fusion fait que les préventions rabbiniques, jusque là si tenaces, se dissipent insensiblement, et que l'attachement de l'israélite à la loi de Moïse cède la place à un commencement d'indifférence et d'oubli. Car on s'attache d'autant plus fortement à une croyance erronée, qu'on souffre plus de persécutions à cause d'elle. Par suite de leurs rapports journaliers avec les familles chrétiennes, un grand nombre d'enfants d'Israël arrivent à douter s'il convient de persister dans l'observance des traditions surannées de leurs rabbins. De là, tiédeur dans la pratique de leurs lois, et puis curiosité ou désir d'étudier les dogmes chrétiens et de les comparer à leurs antiques écritures. Et cette étude, entreprise de bonne foi, et fécondée par la grâce divine, en amène un certain nombre à reconnaître et adorer le vrai Messie crucifié par leurs pères. Les feuilles publiques nous apportent souvent l'heureuse nouvelle du retour au catholicisme de quelques-uns de ces fils de Jacob qu'a touchés la bénédiction du Seigneur. Il y a une douzaine d'années, un étonnant prodige s'est opéré pour y ramener l'un des plus intéressants par sa jeunesse, son esprit et sa fortune. Cette transformation subite rappelle la conversion si miraculeuse de saint Paul. On doit y voir le signe évident d'un dessein miséricordieux de la Providence envers la race autrefois privilégiée d'Abraham, et en quelque sorte l'inauguration, ou tout au moins l'annonce du mouvement qui, après la chute de l'Antechrist, leur dernier séducteur, entraînera la masse entière des Juifs dans le sein de notre mère, l'Eglise catholique.

Mais si toutes choses préparent et nous font pressentir le prochain rappel de la maison rebelle de Jacob, nous ne saurions être fort éloignés de l'avénement du fils de perdition ; car tous les commentateurs placent cette conversion, les uns au commencement, et les autres, en beaucoup plus grand nombre, à la fin de son règne. Et d'ailleurs, le prophète Osée ne prédit-il pas assez clairement qu'elle arrivera « au dernier des jours, *in novissimo dierum.* » C'est-à-dire qu'aussi bien que le triomphe de l'Homme d'iniquité, elle aura lieu au dernier âge de l'Eglise, en l'époque plus ou moins longue qui précédera immédiatement la fin du monde actuel.

CHAPITRE IV

Nous arrivons à l'apostasie finale.

Jésus-Christ, parlant à ses Apôtres de son second avénement, leur avait dit : « Croyez-vous que le Fils de l'homme, à son arrivée, trouvera la foi sur la terre, *Filius hominis veniens, putas, inveniet fidem in terrâ* (1) ? » Saint Paul, écrivant à son disciple Timothée, l'avait averti que « dans les derniers temps un grand nombre d'âmes s'éloigneront de la foi, *in novissimis temporibus discedent à fide* (2). » Et dans sa seconde

(1) Evang. selon saint Luc, ch. XVIII, v. 8.
(2) Ire Epître à Timothée, ch. IV, v. 1.

Epître aux chrétiens de Thessalonique, le même apôtre, pour corriger l'erreur occasionnée par la première, avait ajouté ces paroles remarquables : « Ne vous laissez séduire par personne en aucune manière ; le jour du Seigneur n'arrivera point que ne soit venue d'abord l'apostasie, et que ne se soit montré l'homme de péché, le fils de la perdition. *Ne quis vos seducat ullomodo : quoniam nisi venerit discessio primùm et revelatus fuerit homo peccati, filius perditionis* (1). »

D'après ces textes expliqués par l'Eglise et commentés par ses docteurs, la tradition catholique affirme que, vers la fin des siècles actuels, il y aura une déplorable apostasie de la foi chrétienne, apostasie presque universelle qui entraînera hors de la véritable Eglise de vastes provinces, de puissants royaumes, la plus grande partie des populations auparavant catholiques ; en sorte qu'un petit nombre seulement d'âmes choisies persévérera dans la fidélité à Jésus-Christ leur Sauveur, et se maintiendra en assemblée extérieurement chrétienne, afin qu'on puisse éternellement dire « que les portes de l'enfer n'ont point prévalu contre l'Eglise, » selon la promesse de son fondateur.

(1) II⁰ Epître aux Thessalon. ch. II, v. 3.

Or, si nous prenons la peine de réfléchir sérieusement aux événements qui de nos jours agitent le monde, aux idées qui l'entraînent dans des voies inconnues, et aux renversements qu'on y fait impunément des vrais principes sur lesquels reposent la religion et le bon ordre de la société, ne serons-nous pas contraints de reconnaître et d'avouer qu'elle arrive à grands pas, cette défection générale prédite par les saints Livres ? Que voyez-vous aujourd'hui de tous côtés en Europe et partout le monde ? Désertion de la foi parmi les riches qui, pour la plupart, n'ont d'autre souci que celui d'amasser de l'argent, d'acquérir des honneurs et de se procurer des plaisirs sensuels ; désertion de la foi chez ceux qu'on nomme savants, et dont un grand nombre se déclarent hautement les adversaires du catholicisme et de la papauté, qu'ils combattent parfois avec un acharnement inexplicable, tant il est de leur part insensé ! désertion de la foi chez les classes illettrées qui, en général, ne cherchant le bonheur que dans la possession des biens terrestres, oublient et méprisent une religion purement spirituelle qui prêche l'esprit de pauvreté, le renoncement à soi-même, la mortification de la chair.

Je ne songe pas une seule fois à l'état d'indifférence religieuse où nous sommes actuellement, sans éprouver aussitôt la crainte que les anges de Dieu, qui en sont les spectateurs indignés, ne disent à leur souverain Maître, comme dans la parabole de l'Evangile : « Voulez-vous, Seigneur ? Nous allons moissonner cette ivraie, couper tous ces fruits de mensonge et les jeter au feu éternel. *Servi autem dixerunt ei* : *Vis imus, et colligimus ea (zizania)* (1) ?

Or, l'apostasie finale dont nous voyons les commencements sinistres, doit atteindre son dernier progrès sous la domination de l'Antechrist. Combien croyez-vous qu'il faille de temps pour y arriver ? Cela dépendra uniquement de la rapidité avec laquelle le monde va continuer sa marche dans les voies iniques et anti-catholiques qu'il suit sous la direction et l'impulsion de ses maîtres, frappés de l'esprit de vertige et de mensonge.

---
(1) Evang. selon saint Matthieu, ch. XIII, v. 28.

CHAPITRE V

Un autre symptôme, c'est l'agitation qui s'est emparée des âmes.

« L'esprit de prophétie a été de tout temps dévolu à l'homme, il y a en nous une irrésistible tendance à pénétrer dans les siècles futurs ; et souvent Dieu a permis de satisfaire cet insatiable désir. Dans tous les âges, on a vu des hommes doués d'une vue extraordinaire, auxquels l'esprit divin découvrait certains points de l'espace à venir, cachés au reste des mortels. Quand on est en mer, l'homme en vigie au sommet du grand mât aperçoit à l'horizon les plus hautes cimes des montagnes de la patrie encore éloignée, avant que les passagers, qui demeurent sur le pont, aient ce pouvoir et ce bonheur.

» Mais c'est surtout à l'approche des plus considérables événements, des catastrophes des peuples, ou des rénovations sociales, que l'esprit prophétique s'est emparé des âmes. Les génies les plus élevés les prévoient comme des conséquences de ce qui se passe actuellement sous leurs regards ; les esprits illuminés d'en haut en reçoivent la claire annonce, et le vulgaire en a un vague mais sûr pressentiment.

» Le Seigneur alors, mû par sa bonté pour ses petites créatures, dévoile une partie des secrets de sa providence ; et les anges, en commerce invisible avec la terre, en avertissent, par une confidence quelquefois visible et sensible, mais le plus souvent intérieure et secrète, les hommes à qui leurs vertus méritent cette révélation céleste (1). »

D'après la Genèse, il est positif que la catastrophe du déluge fût annoncée, longtemps à l'avance, à Noé et à sa famille. Le saint patriarche en fit certainement part à ses contemporains. Mais le monde d'alors, plongé dans la boue des passions impures, ne l'écouta point et courut à sa perte.

Personne n'ignore quelle était l'agitation prophétique qui remuait les peuples à l'époque de la naissance de Notre-Seigneur. Partout l'on s'entretenait d'un mystérieux enfant qui devait descendre bientôt du ciel ; partout l'on disait

(1) *Soirées de Chazeron*, tome II, p. 196.

« que des hommes partis de la Judée étendraient leur domination sur toute la terre. »

Comme à l'approche de ces deux immenses révolutions, aujourd'hui l'esprit de prophétie paraît gagner une foule d'âmes (1). Interrogez les hommes graves et religieux, habitués à réfléchir sur les causes et les conséquences des événements ; ils vous diront qu'ils se tiennent dans l'attente, qu'ils prévoient et pressentent, comme malgré eux, des commotions redoutables qui vont ébranler et peut-être détruire jusque dans ses fondements la société actuelle. Interrogez les esprits mystiques et les cœurs pieux ; ils vous répondront qu'eux aussi ils attendent ; ils comprennent que le monde ne peut pas subsister longtemps dans cet état de malaise et de désordre où il est maintenant ; ils ont un pressentiment intime qu'il se prépare un événement immense qui fera d'abord le triomphe du mal, et puis en amènera le châtiment irrévocable et dernier. Plusieurs personnages même, d'une sainteté vraiment éminente, vont jusqu'à croire et à dire que l'Antechrist est déjà né. Ils ont sans doute de graves motifs pour avoir cette conviction et surtout pour la divulguer au dehors. Pour moi, je ne me sens pas assez de hardiesse pour proférer

(1) Voyez la note 9 à la fin du volume.

une telle affirmation. Néanmoins je n'ai aucun argument pour la combattre. J'ai lu dans les commentaires du vénérable Holzhauser : « Au milieu de l'année 1855, dans le XIXe siècle, naîtra l'Antechrist. » La précision de ces paroles m'a effrayé, mais je me suis senti dépourvu de forces lorsque j'ai fait l'essai de les contredire et surtout de les réfuter. Sans nul doute, vous êtes plus courageux que moi, très-honorable lecteur ; faites donc cette réfutation, mais forte et solide ; publiez-la ensuite. J'y trouverai un motif de me rassurer un peu contre cette fatale arrivée du Fils de perdition, que je ne puis m'empêcher de croire prochaine, quoique je ne doive ni ne puisse, pour une foule de raisons, en indiquer même approximativement la date.

CHAPITRE VI

On ne peut méconnaître les signes avant-coureurs de la dernière persécution générale.

Au chapitre trente huitième du prophète Ezéchiel, aux chapitres septième et onzième de Daniel, au chapitre vingtième de l'Apocalypse, il est parlé « d'une affreuse guerre que fera le démon contre les serviteurs de Dieu : » C'est évidemment celle qui aura lieu sous l'Antechrist. On ne peut s'y méprendre, en examinant le contexte de ces curieux mais effrayants passages. Saint Jean, pour la caractériser, emploie à peu près les mêmes termes qu'Ezéchiel. Selon eux, l'Homme de péché « séduira les nations appelées Gog et Magog, qui sont aux quatre coins du monde; *Seducet gentes quæ sunt super quatuor angulos terræ, Gog et Magog, et congregabit eos in prœlium;* et puis se mettant à leur tête il les mènera au combat contre les Saints, afin de les exterminer, s'il est possible; *et circuierunt castra sanctorum et civitatem dilectam* (1). »

D'après l'interprétation la plus plausible des docteurs qui, au reste, s'appuient sur l'opinion de saint Jérôme et de saint Augustin, ces deux grandes lumières de l'Eglise, les expressions mystérieuses de Gog et Magog signifient tous les hommes orgueilleux et impies, les hérésiarques, les prédicants de doctrines perverses, ces inventeurs de systèmes irréligieux, ces hommes

---

(1) Apocalypse, ch. xx, v. 7 et suiv.

qu'on appelle aujourd'hui les révolutionnaires, ces esprits infatués de leur médiocrité superbe qui ne peuvent plus se résoudre à obéir, ces agitateurs avides de commandement et prêts à tout renverser dans le monde, afin d'arriver au pouvoir; en un mot tous les méchants, « dont le nombre, dans les derniers temps, égalera celui des sables de la mer, » selon la triste prédiction de l'Apocalypse : *quorum numerus est sicut arena maris* (1) »

Réunis par un complot infernal, ils assiégeront la ville sainte, c'est-à-dire qu'ils déclareront la plus furieuse guerre à l'Eglise catholique, « la cité chérie de Dieu » sur la terre, « jusqu'à ce qu'un feu descendu du ciel les dévore et les précipite, avec leur exécrable chef, dans le lac embrasé de soufre et de bitume, où ils souffriront éternellement. *Et descendit ignis à Deo de cœlo et devoravit eos... in stagnum ignis et sulphuris... cruciabuntur in sæcula sæculorum* (2). »

Or, à quelle époque faut-il croire qu'aura lieu ce déchaînement général contre le catholicisme et la papauté qui en est la tête ?

Prenons garde ! Ne sommes-nous pas les té-

---

(1) Apocalypse, ch. xx, v. 7 et suiv.
(2) Ibid.

moins de ses commencements? Rappelons-nous les profondes et innombrables humiliations de l'Eglise depuis près d'un siècle. N'avons-nous pas vu et ne voyons-nous pas Gog et Magog, c'est-à-dire les maîtres du monde, les puissants de la terre, les coryphées du philosophisme, de la révolution et de l'hérésie s'élever contre la religion catholique et la combattre avec toutes sortes d'armes pour l'abattre et la détruire à jamais?

« La tactique de ses implacables ennemis est savante. A l'exemple des Juifs, qui voulaient faire mourir Jésus, il leur faut aussi sa mort. Mais, comme eux, craignant l'émeute populaire, ils se gardent bien de l'attaquer de front et de l'anéantir d'un seul coup. Ils lui suscitent donc d'abord mille embarras dans son gouvernement et dans l'observation de son antique discipline. A leur instigation, les pouvoirs civils, puérilement jaloux de son autorité, élaborent et promulguent des lois tyranniques qui, enchaînant sa liberté, l'avilissent aux yeux des populations ignorantes et la font descendre de son glorieux rang de reine au triste rôle de la servitude. Ils ne songent pas, ces rois insensés, qu'en ruinant l'autorité de la sainte épouse du Christ, ils aident à ruiner encore plus profondément la leur. Arrive enfin la révolution de 93, qui se charge de sanctionner toutes les odieuses lois précédentes. Depuis cette sanglante époque, les ennemis de l'Eglise lui ont ôté toute la vie *terrestre* qu'il lui est possible de perdre. On a substitué une certaine morale humaine à sa morale céleste, le dogme de l'infaillibilité gouvernementale à son infaillibilité divine. Les peuples se gouvernent sans elle ; les gouvernements ne la regardent plus que comme une étrangère dont ils soupçonnent les intentions, dont ils se défient, qu'ils maltraitent, qu'ils soumettent à l'inspection de leurs préfets, à la surveillance de leurs procureurs, à l'investigation de leurs commissaires. Ils l'ont chassée, autant qu'ils ont pu, des écoles, des hôpitaux, des bureaux de bienfaisance, de l'administration de ses propres biens, de la place publique. Autant qu'ils ont pu, ils l'ont emprisonnée, ensevelie dans ses temples, qui même ne lui appartiennent plus, comme l'a décidé leur loi, afin qu'elle ressemblât jusqu'au bout à Jésus, son maître, qui fut mis dans un tombeau ne lui appartenant pas (1). »

Et depuis quelques années, la persécution qui

(1) *Soirées de Chazeron*, tome II, p. 214.

s'annonce et s'avance n'a-t-elle pas fait un nouveau pas? Les ennemis de l'Eglise s'en prennent maintenant à son chef. Ils savent que, si dans un corps la tête est blessée, les membres souffrent, et que, si elle tombe, ils meurent. Jamais tempête aussi effroyable ne s'est élevée contre la barque de saint Pierre. On n'en veut qu'au pouvoir temporel du pape, dit-on, et ce pouvoir, n'est pas nécessaire à l'exercice de son autorité souveraine dans le gouvernement de la chrétienté. Hypocrisie, mensonge, fourberie! Après avoir renversé la principauté temporelle, il leur sera cent fois plus facile d'abattre le pouvoir spirituel, dont elle est, dans l'état actuel de la société, l'indispensable rempart. Ils le savent bien; voilà pourquoi ils l'attaquent avec tant de fureur.

Nous sommes donc à la veille d'une des plus terribles phases de la persécution dernière. La prison, l'exil, l'effusion du sang, l'échafaud, le martyre, tel est, nous semble-t-il, le seul progrès que bientôt peut-être elle n'aura plus qu'à faire. Nous voudrions nous tromper. Mais, hélas! nous n'en avons pas l'espérance.

CHAPITRE VII

L'établissement d'une monarchie ou domination universelle devient de jour en jour plus facile.

Nous ne ferons qu'indiquer brièvement ce qui déjà, selon la pensée de plusieurs graves esprits que nous avons eu l'occasion de consulter, facilite aujourd'hui l'extension ou l'invasion d'un gouvernement unique par toute la terre, ou tout au moins par tout le vieux monde.

Comme moyens de conquête, nous avons :

1° Les canons rayés, qui vont chercher l'ennemi à une ou deux lieues d'éloignement et renversent les murailles et les remparts à peu près à la même distance ; 2° les vaisseaux à hélice, dont la marche rapide brave les vents et la tempête et transporte avec une célérité incroyable les troupes et les munitions à travers les mers, sur les plages les plus lointaines ; 3° les canonières, les batteries flottantes et une multitude d'autres petits bâtiments blindés ou recouverts d'épaisses bandes de fer à l'épreuve du boulet, qui vomissent de leurs flancs le ravage et la mort, pendant qu'ils protégent contre les traits ennemis ceux qui les montent et gouvernent ; 4° tous ces autres engins de destruction inventés dans les siècles qui nous ont précédés et que le nôtre multiplie chaque jour en les perfectionnant ; 5° l'établissement et le jeu régulier de la conscription qui, en quelques semaines, met sous les armes un nombre effrayant d'hommes et puis les y maintient durant autant d'années que l'a décrété le prince. Naguère les populations résistaient à cette coupe annuelle d'hommes ; elles ne pouvaient tout d'un coup se façonner à cette servitude, et de nombreux réfractaires manquaient chaque année à l'appel. Aujourd'hui, personne n'ose réclamer. Tous acceptent le joug et deviennent des instruments dociles entre les mains des arbitres de ce monde.

Comme moyens de rapports, de commerce et d'unification entre les divers peuples du globe, nous avons :

1° Les chemins de fer, qui rapprochent les distances, facilitent les transports, abrègent les voyages, placent les principales villes de tout un continent à côté, pour ainsi dire, les unes des autres, et font jouir les habitants du Nord des denrées et des fruits du Midi, presque en même temps que ceux du pays qui les a produits et vendus; 2° l'abolition graduelle des douanes et des prohibitions pour les matières commerciales, la liberté naissante et qui deviendra bientôt générale et absolue de leur importation et de leur exportation, la réforme progressive des monnaies qu'on ramène insensiblement à un type unique, les banques, les lettres de change, les souscriptions aux emprunts des divers États; 3° enfin toutes les inventions propres à universaliser le commerce et les rapports des hommes entre eux, qu'ont faites les siècles précédents et qu'a développées l'époque actuelle en y ajoutant les siennes, qui sont vraiment merveilleuses.

Comme moyens de gouvernement et d'administration, nous avons :

1° La centralisation administrative par laquelle, à l'aide de ministères ou vastes bureaux siégeant dans la capitale et fonctionnant sous les yeux du souverain, un immense empire peut être gouverné simultanément, uniformément, autocratiquement, et tout fonctionnaire civil, militaire et judiciaire est envoyé, installé, changé, destitué, gradé, réprimandé, excité et dirigé sans opposition ni réclamation de la part des peuples accoutumés à une obéissance toute passive vis-à-vis de ces innombrables rouages administratifs qui, en définitive, reçoivent tous le mouvement de la main directrice du tout-puissant monarque.

2° Les télégraphes électriques, la plus curieuse des découvertes, au moyen de laquelle il est facile de communiquer durant le même quart d'heure avec les régions les plus lointaines ; un chef quelconque peut, en un instant, intimer ses ordres à ses subordonnés et être, le moment d'après, informé de leur exécution ; un despote résidant en son palais, au milieu de ses ministres et courtisans, en se mettant à table avec eux, pourra ordonner l'arrestation d'un rebelle à mille lieues de sa présence et apprendre, avant la fin de son repas, qu'il a été ponctuellement obéi et que le coupable a subi son châtiment.

3° Enfin, l'abaissement des caractères et la recherche immodérée des fonctions publiques, phénomènes qui procurent à un gouvernement absolu une foule de serviteurs avides d'argent et de pouvoir, prêts à exécuter tout ordre, pourvu que l'obéissance soit lucrative, donnant à entendre par leurs exemples, et quelquefois par leurs discours, que la religion d'un fonctionnaire public consiste uniquement en l'exact et fidèle accomplissement de la volonté de ses chefs, croyant que de la part de ce fonctionnaire un examen de ce qu'on lui commande est presque une révolte et que le chef seul a le droit de décider de la bonté ou de la perversité d'un acte, et de la sorte préparant la multitude à courber la tête sans murmure et sans plainte sous le joug du premier despote qui aura l'énergie suffisante pour la contraindre à l'observation de ses décrets, quelque injustes, violents, tyranniques et barbares qu'ils soient. Il va sans dire que l'Etat lui-même, ou le gouvernement en Europe, comme chez les peuples esclaves de l'Asie, favorise ces tendances, qui se traduisent déjà en habitudes. « De nos jours, a dit un illustre publiciste, l'idée de l'Etat tend à devenir une sorte de religion, où aucun droit ne prévaut contre la puissance publique, où les théories triomphantes font, du pouvoir retrempé aux sources démocratiques, le directeur de toutes les consciences, l'inspirateur de toutes les pensées, le modérateur suprême de tous les intérêts (1). » « La liberté et la dignité de l'indi-

---

(1) M. L. de Carné.

vidu, s'écrie un célèbre orateur catholique, ne risquent-elles pas de disparaître sans retour dans la souveraineté absolue de l'Etat, ce despote qui ne meurt pas et qui promène déjà partout son irrésistible et impitoyable niveau sur un lit de poussière humaine (1). ? »

Arrêtons-nous ici, ne poussons pas plus loin l'examen des tristes penchants de notre siècle. Il a fait, sous le rapport matériel, d'incontestables améliorations, et, dans les sciences physiques, d'admirables découvertes. Mais, à cause de son esprit révolutionnaire et antichrétien, elles ne serviront point à rendre les hommes calmes, pieux, sages, et partant heureux. Elles deviendront, au contraire, des causes de bouleversements nouveaux, qui aboutiront, en fin de compte, au despotisme affreux du monarque universel, l'Antechrist. Elles l'annoncent et lui aplanissent rapidement la voie. Il saura, d'une façon admirable, s'en servir.

(1) M. le comte de Montalembert.

CHAPITRE VIII

La vie de Jésus-Christ doit se reproduire en l'histoire de l'Eglise, et nous arrivons à l'heure la plus douloureuse de sa passion.

On a dit que non-seulement Jésus-Christ est la source où l'Eglise catholique puise sa durée, mais qu'en outre sa vie mortelle figurait et prophétisait celle du catholicisme. De sorte que les circonstances principales, les phases les plus remarquables de la vie terrestre du Fils de Dieu ont dû et doivent se reproduire sensiblement dans celle de son corps mystique, de cette société sainte destinée par sa providence à perpétuer jusqu'à la fin le salut sur la terre. Voilà pourquoi saint Paul aurait écrit à la primitive Eglise : « Votre vie est cachée en Jésus-Christ (1). » Et le divin Maître lui-même avait dit à ses disciples, qui étaient les fondements et les premières assises de son édifice spirituel : « Je suis avec vous jusqu'à la consommation du siècle (2). » Je sais bien

---

(1) Epître aux Colossiens, ch. III, v. 3 et 4.
(2) Evang. selon saint Matthieu, ch. XXVIII, v. 20.

que communément l'on entend par ces mots la promesse solennelle de l'assistance continue du Saint-Esprit ; mais aussi, d'après les Pères et les docteurs, on a remarqué que la parole féconde des saintes Ecritures avait ordinairement plusieurs sens également admissibles. Pourquoi donc ce dernier texte ne signifierait-il pas encore : Ma vie va se reproduire en vous et se continuera en mon Eglise jusqu'à la consommation des siècles ?

Omettons, pour ne pas être long, d'autres passages du nouveau Testament qui pourraient prouver la même proposition. S'il est donc plus que probable que la vie terrestre du Christ prophétisait celle de son église, comme plusieurs saints personnages de l'ancienne alliance figuraient à l'avance cet aimable Sauveur, nous devons en retrouver la plupart des circonstances dans l'histoire des années qu'a déjà vécues le Catholicisme.

La naissance si pauvre de l'Enfant-Dieu à Bethléem, l'effusion de son sang dans la Circoncision, le massacre des Innocents à son sujet, sa fuite en Egypte se trouvent parfaitement retracés dans le premier âge de l'Eglise, qui se compose des trois premiers siècles, pendant lesquels elle eut tant à souffrir des tyrans païens, alors que ses fidèles enfants étaient emprisonnés, mis à mort, ou obligés de fuir dans les déserts, de se cacher dans les catacombes, de déguiser leur culte, leur foi, jusqu'au nom même de leurs familles.

De retour à Nazareth, Jésus y mène une existence humble, laborieuse et pauvre jusqu'à l'âge de trente ans. Il ne soulève qu'une seule fois le voile dont il s'y couvre : ce fut lorsque, âgé d'une douzaine d'années, il vint seul au temple et y étonna, par sa science et sa sagesse, les plus vieux docteurs de la synagogue. L'Evangile n'emploie que deux ou trois mots pour nous raconter la vie cachée de Jésus : « Il était soumis à ses parents, il croissait en âge et en vertu devant Dieu et devant les hommes (1). » Nous voyons clairement prédit ici le second âge de l'Eglise, sa florissante jeunesse, qui a duré depuis la cessation des persécutions du paganisme, procurée par Constantin, vers l'an **320**, jusqu'au religieux règne de Charlemagne. Pendant cette longue période de près de cinq cents années, l'Eglise grandissait, pénétrait doucement chez les nations idolâtres, les enrôlait sous sa brillante bannière et les gagnait au ser-

(1) Evang. selon saint Luc, ch. II, v. 51 et 52.

vice de Jésus-Christ, son divin maître. Rien de plus beau que le spectacle de ses progrès ! Voyez comme elle s'empare habilement de ces peuplades sauvages du Nord qui accourent se jeter sur l'empire romain et bientôt le renversent ! Comme elle sait les assouplir et les soumettre insensiblement au joug suave, mais sévère de l'Evangile ! La foi, qui déjà domine dans l'Asie-Mineure, l'Egypte, l'Italie et la plus grande partie des Espagnes et des Gaules, porte rapidement son céleste flambeau dans l'Afrique, la Germanie, les îles Britanniques, la Hongrie, la Pologne et les provinces méridionales de la Moscovie. La doctrine chrétienne, en même temps, se précise et s'affermit par les décisions des conciles et les savantes explications des docteurs, à qui l'on donne le nom vénérable de *Pères*, parce qu'ils engendrent à la vie spirituelle du Christ les âmes d'élite qui se laissent attirer et séduire par la douce éloquence de leurs écrits et de leurs discours, aussi bien que par l'autorité de leurs vertus sacerdotales.

A l'âge de trente ans, le Sauveur se manifeste au monde, puissant en paroles et en œuvres, pendant trois années, qu'on appelle le temps de sa vie publique : troisième phase de l'histoire de l'Eglise. Sa puissance, jusque-là restreinte, militante et latente pour ainsi dire, prend, à dater de Charlemagne, un développement immense. Le pouvoir *public* lui est dévolu; elle domine la société européenne qui, sous son influence, se constitue catholiquement. La religion opère alors vraiment des prodiges de sainteté, de science, de charité. Elle devient la règle unique des individus, des familles, des gouvernements. L'Europe entière se soumet à son enseignement; et, directrice souveraine des peuples civilisés; elle les arme, elle les lance contre les Sarrazins et les Turcs, ces barbares du moyen-âge, qui menaçaient de la détruire. De même donc que pendant le court espace de sa vie publique le Fils de Dieu s'était montré le maître et l'arbitre des éléments, de la maladie, de la santé, de la mort ; ainsi pendant l'époque ecclésiastique dont nous parlons, l'Eglise qu'il avait fondée se montra la dominatrice absolue des esprits et des cœurs, des familles et des Etats. Les nations, en foule, écoutaient sa doctrine et suivaient ses commandements, comme autrefois les habitants de la Judée et des pays voisins accouraient de toutes parts, se précipitant sur les pas de Jésus pour profiter de ses miracles et de ses discours.

Mais, après trois années de bienfaits et de gloire, ses ennemis se saisissent de sa personne vénérable, l'enchaînent comme un malfaiteur, l'accablent d'ignominie, le condamnent à mort et l'attachent à la croix, sur laquelle il expire. Tel encore a été le sort du catholicisme. Après qu'il eut gouverné le monde sans contrôle jusqu'au milieu du xvie siècle et fondé la société moderne avec ses lumières, sa civilisation et ses mœurs, il s'élève tout à coup des clameurs ennemies contre sa discipline et ses dogmes. A la voix de Luther et de Calvin, la défection lui enlève une partie de la Grande-Bretagne, des peuples allemands et scandinaves. Néanmoins l'Italie, la France et l'Espagne lui demeurent encore fidèles. Mais malheureusement cette fidélité finit par succomber à l'épreuve ; et, vers le commencement du xviiie siècle, l'impiété, inoculée à toute l'Europe par le protestantisme, s'y glisse d'abord timidement par les livres et les écoles ; et puis, fière de son succès inespéré, elle jette son masque hypocrite et marche ouvertement à la perversion des âmes. Ses ravages deviennent si rapides que, cinquante ou soixante ans plus tard, l'Eglise se voit calomniée, outragée, attaquée de toutes parts, avec une malice et une rage jusqu'ici sans exemple dans son histoire.

Autant qu'il a été en leur pouvoir, ses implacables ennemis l'ont enchaînée, emprisonnée, livrée au mépris de la populace; et comme il y a déjà quelque temps de cela, nous pouvons dire que nous avons vu se renouveler pour elle les scènes de la montagne des Oliviers, ce premier théâtre de la passion du Sauveur.

Maintenant nous venons d'arriver au second. L'Eglise, en effet, a comparu, en la personne de son chef, par-devant le Sanhédrin des princes et des nations, par-devant le prétoire des gouverneurs et des diplomates. Et voyez ce qu'on lui fait souffrir ? Manque-t-il quelque chose à son tourment ? La trahison de Judas, les dérisions des scribes et des pharisiens, les sentences d'Anne et de Caïphe, les soufflets et les crachats de la soldatesque, les moqueries d'Hérode, le lavement des mains de Pilate, le dépouillement et la flagellation, le couronnement d'épines et le portement de la croix, tout ce qu'endura le Fils de Dieu devant les tribunaux et dans les rues de Jérusalem ne se reproduit-il point actuellement sur la personne de son vénérable représentant et vicaire, le pape Pie IX, aussi bien que sur un grand nombre de ses martyrs en Cochinchine, en Syrie et autre part ?

Demain donc, c'est-à-dire probablement bientôt, vers le milieu du règne de l'Antechrist, l'Eglise, en la personne sacrée de son chef et en celle d'une foule innombrable de ses fidèles enfants, devra monter sur le Calvaire pour y être attachée à la croix, pour y boire le calice d'amertume jusqu'à la lie, répandre les dernières gouttes de son sang et recevoir, des mains de l'impiété, les derniers coups de l'humiliation et de la mort.

Mais ne nous abandonnons point à une tristesse trop profonde. Il faut que les oracles s'accomplissent. Combien de temps le corps du Sauveur resta-t-il dans le tombeau et sous la chaîne du trépas ? Pas même trois jours entiers. Il ressuscita plein de gloire, pour monter au ciel. Ainsi fera son épouse bien-aimée, l'Eglise notre mère. Elle sortira du sépulcre, elle terrassera ou mettra en fuite ses ennemis ; elle verra tous les peuples de la terre l'entourer de vénération et d'honneur, jusqu'à ce que vienne plus ou moins tardivement l'heure de son entrée triomphante dans la cité de son repos éternel.

CHAPITRE IX

La plupart des hommes d'aujourd'hui ont les caractères sous lesquels saint Paul a dépeint à l'avance les hommes des derniers temps.

Dans le chapitre quatrième de la première Epître à son disciple Timothée et dans le troisième de la seconde, le grand apôtre, traçant le portrait des hommes aux derniers siècles, les représente sous ces traits remarquables :

« Or, sachez que, dans les derniers temps, c'est l'esprit de Dieu qui me l'a révélé, les hommes abandonneront la foi pour suivre des esprits d'erreur et des doctrines diaboliques, enseignées par des imposteurs pleins d'hypocrisie, dont la conscience est noircie de crimes, qui interdisent le mariage... Ils seront amants d'eux-mêmes, passionnés pour le luxe et l'argent, glorieux, superbes, blasphémateurs, désobéissants, ingrats, dénaturés, ennemis de la paix, calomniateurs, incontinents, inhumains, adversaires de tout ce qui est bien, traîtres et insolents.

Fuyez-les, ces hommes corrompus dans l'esprit et pervertis dans la foi »

Que le lecteur veuille bien examiner ce texte à loisir, et je ne doute pas qu'il ne soit effrayé de la ressemblance d'une foule d'hommes de nos jours avec ceux que signalait saint Paul dans sa vision prophétique « des temps dangereux qui viendront vers les derniers siècles. *In novissimis diebus instabunt tempora periculosa* (1). »

Qu'il me permette seulement, pour l'aider dans cet examen, de transcrire ici en abrégé, celui que nous avons eu l'occasion de faire ailleurs.

Les hommes abandonneront la foi. L'esprit de foi n'est-il pas mort parmi nous ? L'on révoque en doute non pas seulement les vérités révélées, mais celles mêmes que l'on nomme *naturelles*, et qui appartiennent à la révélation primitive, faite à l'homme au sortir des mains de son Créateur, telles que la légitimité de la famille et de la propriété, la nécessité d'une religion et d'un gouvernement quelconque, etc.

Pour suivre des esprits d'erreur et des doctrines diaboliques. Ces esprits trompeurs sont les démons qui *s'unissent* à une foule d'intelligences humaines et leur soufflent les erreurs les plus

(1) Seconde Épître à Timothée, ch. III, v. 1

monstrueuses sur la notion du bien et du mal, de Dieu et de l'homme! Quelle doctrine plus infernale que de dire que *tout* est Dieu, que le bien consiste à suivre le penchant de ses passions, et le mal à lui résister; que le bonheur de l'humanité doit se trouver uniquement ici-bas, que la raison humaine est le plus parfait développement actuel de la nature universelle, qui marche incessamment à une perfection indéfinie?

Enseignées par des hommes imposteurs. Les pères du rationalisme théorique et pratique croient-ils bien eux-mêmes aux doctrines extravagantes qu'ils enseignent? Ne sont-ils pas les premiers à se moquer de leurs rêveries? Je voudrais qu'on pût lire dans leurs cœurs. Au reste, il est notoire que la division règne dans leur camp et qu'ils ne s'épargnent pas entre eux les qualifications outrageantes.

Pleins d'hypocrisie. Nos fameux novateurs affichent le zèle de la liberté, de l'égalité, de l'amour du peuple, de la fraternité. Mais ce vain étalage n'est qu'un masque, assez transparent du reste, qui recouvre leur passion de dominer, de diriger et réformer le monde à leur unique avantage. Et une fois qu'ils ont séduit les peuples par leurs fallacieuses promesses, ne se hâtent-ils pas de les abandonner au glaive du despotisme, ou bien de les écraser d'exactions nouvelles ? Nous avons vu qu'en cela ils sont d'une habileté extrême.

Dont la conscience est noircie de crimes. Nos réformateurs modernes sont-ils des saints ? Ont-ils donné à la terre le spectacle des plus éminentes vertus ? Ne trouve-t-on pas, au nombre de leurs disciples, tous les hommes méchants et tarés qui, tels que des corps en dissolution, engendrent ou attirent à eux ce qu'il y a de plus vil et de plus pervers.

Qui interdisent le mariage. Ce qu'on n'avait jamais vu depuis six mille ans, l'on voit aujourd'hui dans les feuilletons, dans les romans et même dans quelques livres qui osent s'appeler philosophiques, la famille audacieusement attaquée, le mariage honni et la hideuse communauté des femmes prêchée en même temps que le partage des terres.

Amants d'eux-mêmes et de l'argent. Quand le culte de soi-même alla-t-il plus loin ? Quand la recherche de la fortune fut-elle plus ardente ? La fureur du luxe dépasse toute borne ; et, pour l'assouvir, on ne songe qu'à inventer des moyens nouveaux d'avoir de l'or. La banque, les placements, les rentes, les actions, l'agiotage occupent tous les soins et toutes les heures. Aussi l'estime des produits industriels, si rapidement lucratifs, a causé un phénomène inouï jusqu'à nos jours, je veux dire le dédain des revenus territoriaux que l'on trouve trop pénibles à amasser et trop lents à venir.

Glorieux, superbes. La vaine gloire remplit les âmes. Où et dans quel siècle les hommes les plus médiocres ont-ils cherché avec autant de passion à faire parler d'eux, de leurs actes et de leur nom ? à être admirés, écoutés et servis ? à passer pour grands orateurs, habiles hommes d'Etat, éminents publicistes ? De là ce déluge de discours, de brochures et de livres composés à l'impromptu et jetés dans l'oubli, en même temps qu'ils paraissent au jour ; cette masse d'avides concurrents qui encombrent et assiégent l'avenue des emplois, cette implacable jalousie contre les dépositaires du pouvoir, dévorant ceux qui en sont tombés ou qui n'ont pu y parvenir. Et la superbe ? Je ne connais que trois époques de l'histoire des créatures de Dieu où elle soit montée au niveau actuel : la chute des anges, la prévarication du premier homme, le déluge. Comme Adam et les contemporains de Noé, à l'exemple de Lucifer et de ses complices, les hommes de notre siècle essayent de s'égaler au Très-Haut. Le rationalisme est, en réalité, la divinisation de la nature. Nouveaux Titans, ils veulent escalader les cieux et en chasser le Créateur de l'univers; ils voudraient faire autant de petits dieux de chaque partie de la création, un grand dieu de son ensemble, et asseoir par-dessus le tout, comme sur son trône, leur débile raison humaine, pour qu'elle en soit la dominatrice unique et éternelle.

Blasphémateurs. Dans un pays où autrefois le blasphème était si rare, où l'on perçait d'un fer rougi au feu la langue du blasphémateur, j'ai entendu, vous avez entendu de petits enfants, à peine échappés du berceau, profaner le saint nom de Dieu; et j'ai lu et vous avez lu, dans certains livres parfaitement tolérés, que l'idée de Dieu était la première source du mal. Jamais l'impiété ne fut plus délirante! Jamais l'audace du blasphème n'atteignit de si effroyables proportions, et jamais l'oreille humaine ne l'entendit avec plus de sang-froid et d'indifférence!

Désobéissants, ingrats. Où est le respect de l'autorité? Personne ne veut plus obéir, mais tous commander. On dénie même à Dieu le droit de législation et de commandement. Ses bienfaits sont à charge à la plupart des hommes, qui en rejettent le souvenir comme un poids trop lourd. La révolte devient permanente, et l'insurrection est proclamée le plus saint des devoirs.

Dénaturés, ennemis de la paix. Les révolutions et les guerres civiles, dont l'Europe est le théâtre et la victime depuis une soixantaine d'années, ne nous ont-elles pas trop souvent présenté le spectacle de la plus atroce barbarie? Comment oser le retracer? Et puis quelle époque fut plus féconde en crimes et en attentats contre les personnes, la propriété, la pudeur? Vous n'avez qu'à consulter les annales judiciaires.

Incontinents. On est revenu à l'incontinence païenne. Le vice impur ne s'appelle plus que faiblesse. Le plus terrible dissolvant de la société n'est qu'un jeu. On se fait gloire d'avoir une ou plusieurs maîtresses. L'adultère lève partout la tête; les filles de l'air sont patentées, et le libertinage est une profession quasi-reconnue par les Etats de la ci-devant chrétienne Europe.

Adversaires de tout bien, traîtres, insolents.

Dans cette malheureuse Europe, qui cependant est, sans contredit, la partie du monde la plus civilisée, la plus instruite et la plus honnête, combien d'esprits dévoyés qui recherchent toujours le mal et jamais le bien, qui ont une haine instinctive contre l'ordre, qui enfin, pour parvenir à la réalisation des rêves creux de leur philosophie infernale, ne reculent devant aucun obstacle et trouvent tout moyen légitime, pourvu qu'ils réussissent, fut-ce la trahison, l'insulte, la calomnie, le poignard? et cela, au nom de la liberté (1).

Je ne pense pas que le lecteur, attentif à observer les hommes de notre temps, trouve de l'exagération dans ce tableau dont les couleurs peuvent paraître dures au premier coup-d'œil. Peut-on vraiment se dissimuler que l'armée de Satan ne se dessine et ne se recrute avec une effrayante rapidité? Ne sent-on pas en soi la conviction, que nous vivons avec les pères de ces générations dégradées, dont parle saint Paul, qui adoreront l'Antechrist et participeront ensuite à son châtiment?

(1) Voyez les *Soirées de Chazeron*, tome II, p. 237.

CHAPITRE X

Les leçons de l'histoire nous annoncent comme prochaine l'arrivée de la persécution dernière et du châtiment des derniers impies dont l'Antechrist sera le chef.

Quand on considère l'histoire dans son ensemble, elle présente, au regard de l'observateur, a dit Donoso Cortès, un redoutable phénomène périodique qui s'est montré déjà deux fois au monde, et dont on pressent aujourd'hui partout l'immanquable et prochain retour.

La chute du premier homme a introduit le mal en ce monde ; et depuis lors s'est déclarée la lutte incessante entre la loi ou l'autorité de Dieu, et la raison ou le libre examen de l'homme, entre les doctrines divinement révélées et les enseignements prétendus philosophiques ou purement humains, entre la cité du bien et la cité du mal, entre Jésus le prince du ciel, et Satan le prince des enfers. Or, pour des esprits habituellement attentifs, il est impossible de ne pas voir que chez l'homme, qu'on le prenne individuellement ou qu'on le considère en société, le *mal* arrive toujours à triompher du *bien* ; et que si le bien remporte souvent la victoire sur son adversaire, il ne faut point l'attribuer à sa propre énergie et à son pouvoir intrinsèque, mais à un coup de la justice ou de la miséricorde de Dieu qui intervient alors en personne ; tant cette pauvre nature humaine a été viciée, c'est-à-dire obscurcie et affaiblie par le péché originel !

Pour ce qui regarde l'homme pris individuellement, la théologie catholique nous enseigne que sans la grâce, cet acte immédiat de la Bonté divine, l'âme humaine ne peut produire aucune action qui mérite le ciel, qui lui fasse éviter l'enfer et qui la conduise au bonheur éternel, sa dernière fin. Si l'on considère l'homme en société et que l'on en parcoure l'histoire, on voit que chacune de ses phases est close et terminée par une catastrophe qui est l'incontestable résultat d'une intervention toute puissante du bras de Dieu.

Ainsi le premier âge du monde finit au Déluge. Pourquoi le Seigneur inflige-t-il ce terrible châtiment à la terre ? Pourquoi ? Parce qu'il voyait le mal s'infiltrer comme un poison subtil jusque dans les entrailles de la société antédiluvienne, l'envahir, la corrompre, la dominer, et qu'il ne voulut pas permettre cette corruption radicale et entière du genre humain, sa créature privilégiée ; il intervint donc directement pour laver le monde de ses souillures, et, tout en lui donnant une face nouvelle, lui communiquer une nouvelle vigueur.

A peine étaient-ils sortis de l'arche qui les avaient préservés de la ruine universelle, les enfants de Noé oublièrent les bienfaits de la miséricorde divine et osèrent bien devenir prévaricateurs. Le mal reprit son ancienne marche ; il fit bientôt d'immenses progrès. Les nuages de l'erreur, amoncelés à tous les horizons, couvrirent l'humanité de ténèbres épaisses. Le crime triompha de nouveau par toute la terre. Le démon avait dressé partout ses autels sur lesquels il se faisait adorer. La justice et la charité, le bien et la vérité, le bonheur et la paix, refoulés, chassés de toutes parts, étaient sur le point de disparaître encore une fois totalement de ce triste monde. Mais Dieu, dans sa bonté infinie, prenant pitié du genre humain dévoyé de la sorte dans les sentiers de l'erreur et du vice, envoie son Fils unique pour l'éclairer, le fortifier, le reconduire aux voies de la piété et du véritable bonheur. Dans le dessein de parfaire cette grande œuvre, le Fils de Dieu se revêt de notre chair mortelle et se soumet en elle à toutes sortes de travaux, d'ignominies et de souffrances ; il meurt par le plus cruel et le plus infâme des supplices, celui de la croix ; et ce fut là une autre intervention immédiate et personnelle de la providence de Dieu pour le redressement et le salut de la race humaine.

Il est à croire qu'il n'y a point de créature raisonnable, du moins parmi celles que nous connaissons, qui puisse supporter sans péril le don du libre arbitre. Longtemps avant la création de l'homme, une foule d'anges avaient abusé de leur liberté et permis au mal d'altérer la rectitude de leur sublime nature. Quel remède fallut-il pour arrêter les ravages de la révolte dans les rangs de ces magnifiques intelligences ? Une action directe et souveraine du Dieu très-haut qui, d'un coup de sa foudre, précipita tous les rebelles, sans exception, dans un gouffre immense et sans fond.

De nos études sur l'Antechrist, qu'apprenons-nous ? qu'il sera la personnification du mal ; que, par lui, le mal règnera en maître absolu sur tout l'univers, et que, peu de temps après, Notre-Seigneur Jésus-Christ viendra « par un souffle de sa bouche, *spiritu oris sui*, le punir et mettre à mort. » Mais que signifie cela? C'est évidemment à dire que le *mal*, par le cours actuel des choses, ayant une troisième fois grandement prévalu sur le *bien* dans le monde et menaçant de l'anéantir radicalement et pour toujours, la justice de Dieu daignera intervenir encore une troisième fois, armée de sa toute-puissance, pour exterminer à jamais ce maudit *mal* par le châtiment terrible de tous ceux qui se complaisent à le commettre.

Or, comme nous l'avons déjà dit, nous marchons à grands pas vers l'époque fatale où cette rénovation deviendra nécessaire. Le *mal*, en effet, paraît vouloir monter bientôt à son comble. Ne l'emporte-t-il point de toutes parts sur le *bien*? L'erreur n'usurpe-t-elle point, chez la plupart des esprits, la place de la vérité? Quelles sont rares les âmes vraiment vertueuses et justes, véritablement catholiques! Nous disons *catholiques*, parce que le catholicisme est la seule formule exacte du bien, comme le rationalisme est celle du mal. Bientôt cette civilisation, dont se vantaient avec droit nos pères, beaucoup mieux éclairés que nous, disparaîtra devant la barbarie et le paganisme modernes qui s'avancent pour lui livrer un dernier assaut. Bientôt le *bien* succombera sous les coups redoublés de son infatigable ennemi, et le sceptre de Satan gouvernera seul une troisième fois le monde.

Mais la miséricorde de Dieu est trop grande pour permettre que ce triomphe des méchants dure longtemps. Sa justice, se réveillant tout à coup de son apparent sommeil, étendra sa main puissante pour arrêter ces flots immondes qui menacent d'engloutir ses œuvres. Il descendra lui-même, ou bien il enverra ses anges, avec ordre de clore ce siècle corrompu par une immense révolution morale et physique qui, après avoir châtié la terre, y renouvellera toutes choses jusqu'au temps marqué pour la consommation finale.

Ainsi donc, la prochaine incarnation du *mal* en la personne de l'Antechrist, l'avénement de sa domination universelle, son châtiment presque subit, suivi de la conversion à Dieu de tous les peuples, voilà ce que nous paraît enseigner l'histoire ; ce que l'expérience nous excite à prévoir et ce que nous semble crier la voix des temps passés. Passons à d'autres preuves (1).

(1) Voyez la note 10 à la fin du volume.

CHAPITRE XI

Les désordres actuels nécessitent ou une réparation éclatante ou un prompt et rigoureux châtiment.

D'après les enseignements de la théologie et les lumières les plus claires du simple bon sens, il est certain que la méchanceté des hommes ne saurait arrêter et encore moins briser les desseins de la miséricorde divine. L'homme, il est vrai, peut faire un funeste usage de sa liberté, violer sa foi et refuser à Dieu son obéissance; il peut se perdre et ne point atteindre la destinée glorieuse pour laquelle il fut créé. Mais là s'arrêtent forcément sa malice et ses attaques contre son auteur.

D'après la même doctrine, éminemment catholique, tout péché entraîne celui qui le commet à contracter une dette envers la justice de Dieu et mérite une expiation en cette vie ou en l'autre. Et lorsque le torrent du crime est arrivé à une certaine hauteur, alors les plus terribles fléaux s'apprêtent à descendre du ciel pour frapper impitoyablement les coupables. C'est ce que l'on vit au Déluge ; c'est ce que l'on verra vers la fin des temps ; et c'est ce que l'on aurait vu, il y a près de deux mille ans, si le Fils de Dieu n'eût pris pitié du genre humain et ne se fût incarné pour offrir à la justice irritée de son Père une réparation solennelle et surabondante.

Voilà pour l'humanité considérée en général. Mais quand on lit l'histoire et que l'on consulte l'expérience, il est facile de s'apercevoir que le même phénomène se renouvelle fréquemment, soit pour les nations, soit pour les familles et les individus.

Quand un peuple s'est laissé corrompre par l'impiété et l'immoralité, quand chez lui l'injustice et la luxure, l'orgueil et le blasphème sont montés à un certain niveau, si alors il ne se repent pas, comme autrefois Ninive, s'il ne fait point amende honorable à la justice céleste par un retour sincère aux bons principes et à l'observation fidèle des lois de Dieu, bientôt une sentence de malédiction arrive d'en haut, qui le trouble ou l'aveugle, qui le frappe tout à coup de plaies douloureuses ou le fait tomber en une irrémédiable décadence.

Quand une famille abuse de sa prospérité,

quand, oubliant Dieu et le devoir, elle cesse de pratiquer la justice, la tempérance, la chasteté et la piété, j'affirme hardiment que si, après un certain nombre d'années ordinairement court, cette famille ne fait point pénitence et ne répare point ses infidélités par une sincère conversion à l'amour de Dieu et du prochain, elle ne tarde point à recevoir la punition qui lui est due. C'est la maladie ou la mort qui lui enlève ses membres les plus considérables, ou des procès ruineux et des prodigalités folles qui dissipent ses biens, ou des excès de débauche et des actes honteux qui lui ôtent la santé, la considération et l'honneur.

Quand un individu, atteint de la frénésie du mal, a pris l'habitude de fouler aux pieds sa conscience et de livrer sans remords son cœur aux passions infâmes; si, au temps marqué pour terme de la patience divine, il ne se hâte de revenir de ses égarements et de détester ses scandales, alors l'on voit la justice céleste ne plus contenir sa colère et lever le bras pour terrasser le grand coupable.

Or, aujourd'hui le mal est arrivé à son dernier comble dans la société chrétienne. Nous avons fait le triste tableau de ses ravages, il n'est pas nécessaire de nous y reporter. Ce retour, d'ailleurs, nous serait trop pénible. Les prévarications humaines, même chez les nations catholiques qui sont, sans contredit, les moins perverties de toutes, s'élèvent sans cesse vers le trône de Dieu, allument le feu de son courroux et provoquent la foudre de sa vengeance.

J'estime donc, avec une foule de graves personnages, qu'il faut nous attendre, pour un avenir peu éloigné, à un châtiment extraordinaire. Il ne pourrait être évité que par un prompt repentir, et une grande réparation. « Le bras de Dieu est devenu d'une pesanteur accablante, » et il ne pourrait être désarmé ou suspendu pour un temps que par une application vive et ardente de la famille chrétienne à apaiser sa colère, en lui demandant humblement pardon, en lui offrant des œuvres de sainteté ou de pénitence, en réparant par la prière, par la mortification et la charité, les innombrables outrages qu'il a reçus depuis quelque temps et qu'il reçoit encore aujourd'hui de la part des peuples non seulement païens et infidèles, hérétiques ou schismatiques, mais chrétiens et catholiques.

Des voix éloquentes, des voix inspirées de

Dieu comme celles des anciens prophètes, la voix de notre saint père le Pape, la voix des évêques et des pasteurs ne cessent, depuis quelques années, de nous exhorter à faire ces œuvres réparatrices. La très-sainte Vierge elle-même, au milieu du plus grand miracle des temps modernes, a convié le monde au repentir, en pleurant sur les scandales dont il est rempli et à la vue des horribles fléaux qui le menacent. Notre-Seigneur Jésus-Christ lui-même, dans des communications surnaturelles qu'il a daigné faire à des âmes d'une vertu à toute épreuve, a renouvelé expressément ces pressantes invitations de sa divine mère et des pasteurs de son Eglise.

Mais le monde a-t-il prêté l'oreille aux exhortations du souverain pontife et des évêques ? A-t-il écouté les avertissements maternels de Marie ? A-t-il entendu le touchant appel de Jésus, le divin Maître ? Les peuples ont-ils été saisis d'un vif repentir et ont-ils crié merci vers le ciel, comme jadis les Ninivites à la voix de Jonas ? Non, mille fois non ! La société chrétienne a continué de marcher dans le chemin de ses égarements ; elle a continué de fouler aux pieds ses devoirs envers le Seigneur, de l'offenser, de l'irriter, de le provoquer. Nous n'avons vu et nous ne voyons encore aucun changement en elle. Au contraire, le mal va toujours croissant, et, depuis quelque temps, à ces désordres épouvantables vient se joindre un prodige de prévarication inconnu jusqu'à présent sur la terre. C'est que des quatre nations les plus catholiques du globe, l'une outrage, dépouille et crucifie Notre-Seigneur en la personne de son vicaire, et une autre, tout en laissant faire sa voisine, semble l'encourager et soutenir dans cette œuvre infernale.

Elle ne s'opère donc point la réparation absolument nécessaire pour obtenir du Seigneur un point d'arrêt à ses fléaux. Les méchants ne songent pas le moins du monde à la faire ; et si on leur en parle, ils ne vous répondent que par le sarcasme ou le dédain. Les justes, c'est-à-dire ceux que l'on peut appeler vraiment bons, pourraient bien, s'ils le voulaient fortement, par leurs prières et leurs œuvres, offrir à Dieu une compensation capable de faire contrepoids aux iniquités des méchants. Mais, en réalité, ont-ils redoublé de ferveur et de zèle pour désarmer le courroux divin ? Ont-ils véritablement cherché, par une foi généreuse et par une charité invincible, à réparer le mal, à offrir une expiation qui soit acceptable pour les innombrables péchés de leurs frères égarés. Hélas ! nous voudrions pouvoir dire qu'il en est ainsi ; mais la vérité nous contraint de faire l'aveu contraire. Au lieu de lutter avec vigueur contre le torrent qui rompt toutes ses digues, les bons, les fidèles catholiques, se laissant attirer, comme à leur insu, par le siècle qui penche et glisse vers sa ruine, ne sont-ils pas, pour la plupart, devenus tièdes, engourdis et lâches ? Plusieurs même n'ont-ils pas essayé de diminuer la rigueur des préceptes divins et ecclésiastiques et de s'exempter de toute mortification pénible, sous prétexte que, au temps présent, l'humaine nature avait des besoins et des faiblesses dont la prudence chrétienne doit tenir nécessairement compte ?

Concluons donc que, la réparation exigée par la justice de Dieu ne lui étant pas offerte, il y a toute probabilité que ses châtiments ne tarderont pas d'arriver. Et c'est du règne affreux de l'Antechrist qu'elle se servira pour nous punir.

L'avénement de ce « Fils de la perdition » n'est donc pas fort éloigné. « Il ne faut pas oublier, dit un pieux auteur, que la fin des temps approche. Tous les grands signes indiqués par saint Paul vont apparaître : la prédication de l'Evangile en tous lieux, la conversion des Juifs. La naissance de l'Antechrist est même annoncée comme prochaine, et chacun sait qu'il commencera à régner vers l'âge de cinquante ans. Il importe donc de réparer, afin que les temps d'épreuve où les élus même seraient séduits, si la chose était possible, soient abrégés. Ne nous sera-t-il pas, en conséquence, permis de dire qu'il est de la sagesse chrétienne de ne pas s'engager légèrement et imprudemment dans le mariage à cause des épreuves qui attendent la génération qui va naître, puisque nous ne sommes pas éloignés du temps prédit par le Sauveur, dont il a dit lui-même : *Heureuses les stériles et les mamelles qui n'ont point nourri !* Il faut que les prêtres, les religieux y songent pour la direction des âmes, et aussi les pères et les mères qui se préoccupent, à juste titre, de la vocation de leurs enfants, afin de ne pas donner des conseils et des avis dont les suites seraient aussi terribles qu'irrémédiables (1). »

(1) *La véritable Réparation*, 3ᵉ édition, p. 15. (Paris, rue Saint-Sulpice, 25, V. Sarlit, éditeur.)

TROISIÈME PARTIE.

DES CONCLUSIONS A TIRER DE CE QUI PRÉCÈDE PAR RAPPORT AUX ÉVÉNEMENTS ACTUELS.

AVANT-PROPOS.

J'aurais une foule de réflexions à consigner ici à la fin de ce court travail ; mais je vois trop d'inconvénients à les publier toutes actuellement. Je ne veux et ne dois pas m'exposer sans nécessité et, peut-être aussi, sans utilité, aux récriminations, aux accusations et aux persécutions qu'elles pourraient m'attirer de plusieurs côtés en ces temps difficiles où nous vivons. Je me contenterai de proposer humblement au lecteur les conclusions pratiques qui suivent, espérant qu'elles pourront lui être parfois avantageuses pour le réglement de quelques-unes de ses paroles et de quelques-uns de ses actes.

CHAPITRE Ier

Conclusions générales.

Nous avons dit que le règne de l'Antechrist serait immédiatement préparé par l'introduction du gouvernement démocratique ; qu'il amènerait le triomphe du socialisme ; qu'il décréterait la mise en pratique des utopies communistes ; qu'il esayerait de faire un seul peuple de tous les peuples ; qu'il organiserait l'égalité universelle sous le plus affreux despotisme, enfin que sa domination sur l'univers, n'ayant duré qu'un très-petit nombre d'années, ferait place à une admirable époque de paix, de justice et de félicité sous l'égide triomphante du christianisme complet, qui n'est autre que le catholicisme.

Or, il est impossible de ne pas voir que tous ces préparatifs, s'ils ne sont déjà faits, sont en voie rapide de se faire.

Et d'abord, le régime démocratique remplace partout le monarchique. Il est visible que, en Europe, aucun pouvoir de nos jours n'est inviolable. Combien de couronnes sont tombées ou devenues chancelantes depuis un demi-siècle, et surtout en ces derniers temps! La société actuelle se trouve évidemment sous la domination d'une idée hostile aux trônes héréditaires. Tous les rois sont plus ou moins détrônés, car il n'y en a aucun, même parmi ceux qui sont debout, qui n'ait incontestablement moins de pouvoir que ses prédécesseurs. Le principe de la souveraineté populaire, proclamé en 89, a suivi sa marche envahissante. S'il a concentré et concentre encore çà et là une grande autorité dans un homme, cet homme, ce n'est pas un roi, mais un dictateur. Aujourd'hui le mouvement révolutionnaire et démocratique entraîne le monde entier.

« L'Europe avait en France, lors de notre monarchie de huit siècles, le centre de son intelligence, de sa perpétuité et de son repos. Privée de cette monarchie, l'Europe a sur le champ incliné à la démocratie. Le genre humain, pour son bien ou pour son mal, est hors de page. Les princes en ont eu la garde noble. Les nations arrivées à leur majorité prétendent n'avoir plus besoin de tuteurs. Depuis David jusqu'à notre temps, les rois ont été appelés; la vocation des peuples commence. Les courtes et petites expéditions des républiques grecque, carthaginoise, romaine avec esclaves, n'empêchaient point, dans l'antiquité, l'état monarchique d'être l'état normal sur le globe. La société entière moderne, depuis que la bannière des rois français n'existe plus, quitte la monarchie. Dieu, pour hâter la destruction du pouvoir royal, a livré les sceptres en divers pays à des rois invalides, à des petites filles au maillot ou dans les aubes de leurs noces. Ce sont de pareils lions sans mâchoires, de pareilles lionnes sans ongles, de pareilles enfantelettes tétant ou fiançant, que doivent suivre des hommes faits dans cette ère d'incrédulité.

» Les principes les plus hardis sont proclamés à la face des monarques, qui se prétendent rassurés derrière une triple haie d'une garde suspecte. La démocratie les gagne ; ils montent d'étage en étage, du rez-de-chaussée au comble de leurs palais, d'où ils se jetteront à la nage par les lucarnes (1). »

Répétons-le donc encore, la société européenne est actuellement minée, secouée, ébranlée par l'idée démocratique qui l'envahit progressivement et la dirige même déjà dans toutes ses

(1) Châteaubriand. *Mémoires d'outre-tombe.*

entreprises quelque peu considérables ; ce qui est, de l'avis d'hommes graves et réfléchis, un symptôme de décadence et de ruine et une préparation au despotisme universel, despotisme que doit établir, d'après les prophéties, ce puissant dominateur que nous appelons l'Antechrist.

Nous ne courons pas moins rapidement vers le triomphe du socialisme. C'est la doctrine, comme on sait, qui accorde à l'Etat le droit et le pouvoir d'absorber toutes choses en lui, tous les intérêts, toutes les fortunes, et même, en un sens, tous les individus. Or cette absorption croissante, ne voyez-vous pas que l'Etat la pratique invariablement depuis l'avénement de la démocratie ? Et par qui se trouve-t-il encouragé et poussé à cet accaparement progressif ? Par les peuples eux-mêmes qui, depuis qu'ils se sont émancipés de la tutelle des rois, s'abandonnent aveuglément aux décisions et aux soins de l'Etat en une infinité de choses qui devraient ne point lui appartenir. Je ne veux pas faire une fastidieuse énumération à l'appui de ce que j'affirme. Je prie seulement le lecteur de réfléchir :

Premièrement, au système d'impôts actuel qui, s'étendant comme un vaste réseau, enlace et commence d'absorber toutes les fortunes particulières.

Qu'il examine en second lieu comment l'Etat s'est fait le tuteur des communes, des associations, des fabriques, des hôpitaux, des bureaux de bienfaisance, aussi bien que des mineurs et des pauvres, qui tous ne peuvent vendre ou acheter, se ruiner ou s'enrichir, faire l'aumône ou la recevoir, ou même la demander, sans l'avis préalable et le consentement exprès de ce directeur suprême et omnipotent.

Qu'on jette enfin un coup-d'œil sur cet immense arsenal de lois qui restreignent la liberté individuelle au profit de la communauté, et spécialement sur celle de la conscription militaire, qui, chaque année, arrache une foule d'individus à leurs travaux, à leurs habitudes et à leurs goûts, pour les employer exclusivement, pendant les années de leur jeunesse, au service de l'Etat, de l'Etat qui met ainsi les hommes en coupes réglées, comme fait un colon de ses prés ou de ses bois.

Ici je ne considère point toutes ces mesures gouvernementales sous le rapport de l'équité ou de l'opportunité. Je ne veux ni ne dois faire cet examen. Je me borne à constater ce qui est, à signaler la route que nous parcourons, à indiquer les plages, ou plutôt les abîmes auxquels elle nous conduit. Je ne m'érige ni en censeur, ni en apologiste; je n'exprime ni la satisfaction, ni la plainte. J'observe seulement, et puis j'élève pour un instant la voix, afin d'avertir mes frères, *ego vox clamantis*. Plaise à Dieu qu'ils veuillent m'écouter et qu'il ne me faille point ajouter que je parle dans le désert, *clamantis in deserto* (1), quand je répète : Le socialisme, venant à la suite de la démocratie, va frapper à vos portes, et il entrera chez vous malgré vous, car vos portes sont ouvertes de toutes parts. De toutes parts elles laissent entrer le mal et ceux qui le commettent. Votre nouvel état social, c'est la contrefaçon, ou plutôt le contre-pied de la cité de Dieu, dont le poëte a dit que les portes en sont ouvertes de tous côtés, pour y recueillir le bien et récompenser ceux qui l'aiment. *Undequâque sicut aperta civitatis ostia* (2).

Nous sommes en outre menacés plus que jamais par le communisme. Une brève citation suffira pour persuader de la réalité de cette menace le lecteur le plus confiant en la solidité de

---

(1) Evang. selon saint Matthieu, ch. III. v. 3.
(2) Hymne de l'Eglise pour la fête de la Dédicace.

l'édifice social actuel, parce qu'elle lui fera toucher au doigt les dangers graves et imminents auxquels se trouve exposée la propriété en nos jours d'indifférence religieuse. Je l'emprunte encore aux *Mémoires d'outre-tombe*. L'illustre auteur résume les pensées et les craintes des esprits qui observent les tendances sociales de notre époque. Après avoir dit que le passage de la royauté à la démocratie ne s'effectuera pas sans de nombreuses difficultés, il ajoute :

« Pour ne citer qu'un point entre mille, la propriété, par exemple, restera-t-elle distribuée comme elle l'est. La royauté, née à Reims, avait pu faire alors cette propriété en en tempérant la rigueur par la diffusion des lois morales, comme elle avait changé l'humanité en charité. Un Etat politique, où des individus ont des millions de revenus, tandis que d'autres individus meurent de faim, peut-il subsister, quand la religion n'est plus là avec ses espérances hors de ce monde pour expliquer le sacrifice. Il y a des enfants que leurs mères allaitent à leurs mamelles flétries, faute d'une bouchée de pain pour sustenter leurs expirants nourrissons ; il y a des familles dont les membres sont réduits à s'entortiller ensemble pendant la nuit, faute de couverture pour se réchauffer. Celui-là voit mûrir ses nombreux sillons ; celui-ci ne possédera que six pieds de terre prêtés à sa tombe par son pays natal. Or, combien six pieds de terre peuvent-ils fournir d'épis de blé à un mort ?

» A mesure que l'instruction descend dans les classes inférieures, celles-ci découvrent la plaie secrète qui ronge l'ordre social irréligieux. La trop grande disproportion des conditions et des fortunes a pu se supporter tant qu'elle a été cachée. Mais aussitôt que cette disproportion a été généralement aperçue, le coup mortel a été porté. Recomposez, si vous pouvez, les fictions aristocratiques ; essayez de persuader au pauvre, lorsqu'il saura bien lire et ne croira plus ; lorsqu'il possédera la même instruction que vous, essayez de lui persuader qu'il doit se soumettre à toutes les privations, tandis que son voisin possède mille fois le superflu. Pour dernière ressource, il vous faudra le tuer. »

L'égalité universelle est la conséquence naturelle de l'esprit d'indépendance qui domine aujourd'hui dans le monde. Elle existe pour tous les citoyens devant la loi en plusieurs pays comme en France, ce qui est un bien incontestable. Mais elle ne s'arrêtera point là, comme elle devrait faire ; elle veut aller beaucoup plus loin. Elle poussera ce qu'elle appelle son progrès, jusqu'à ce qu'elle aboutisse à la réalisation des doctrines communistes.

Or, il est clair comme le jour que cette égalité totale et absolue ne peut subsister longtemps par elle-même. C'est de la dernière évidence pour quiconque se donne la peine de réfléchir à ce qui devrait infailliblement arriver au lendemain du partage général des terres, entre des hommes qui diffèrent de forces physiques et d'esprit, de prudence et de calcul, d'énergie et de volonté, d'âme et de corps. Ceux qui la demandent et réclament aujourd'hui avec tant de clameurs seraient peut-être les premières victimes de l'accomplissement de leurs chimères. Il n'y a que la pression d'un despotisme universel qui puisse maintenir partout cet uniforme niveau durant même le plus petit nombre d'années. L'Antechrist seul établira ce vaste système d'égalisation. Et nous voyons sans surprise, mais non sans douleur, la plupart des hommes de notre temps se façonner déjà à ce régime tyrannique, à cette résignation insouciante et hébêtée, qu'il imposera partout comme conditions indispensables de son règne.

D'ailleurs, l'établissement de cette autocratie générale suppose encore une fusion de tous les peuples entre eux, ou plutôt leur réunion sous un sceptre unique. Mais n'y tendons-nous pas? Les nationalités se réveillent de toutes parts et semblent manifester la volonté ferme de ne former qu'un seul et même corps d'état. Déjà même l'on rêve une confédération de l'Europe pour de là arriver à l'unification du monde entier; ce qui encore n'est possible, avec les passions humaines actuelles, que par la voie des conquêtes violentes et sous la verge de fer du plus dur des despotes.

Car enfin « quelle serait une société universelle qui n'aurait point de pays particuliers, qui ne serait ni française, ni anglaise, ni allemande, ni espagnole, ni portugaise, ni italienne, ni russe, ni tartare, ni turque, ni persane, ni indienne, ni chinoise, ni américaine, ou plutôt qui serait à la fois toutes ces sociétés? Qu'en résulterait-il pour ses mœurs, ses sciences, ses arts, sa poésie? Comment s'exprimeraient des passions ressenties à la fois, à la manière des différents peuples, dans les différents climats?

Comment entrerait dans le langage cette confusion de besoins et d'images, produits des divers soleils qui auraient éclairé une jeunesse, une virilité et une vieillesse communes? Et quel serait ce langage? De la fusion des sociétés résultera-t-il un idiôme universel, ou y aura-t-il un dialecte de transaction servant à l'usage journalier, tandis que chaque nation parlerait sa propre langue, ou les langues diverses seraient-elles entendues de tous? Sous quelle règle semblable, sous quelle loi unique existerait cette société? Comment trouver place sur une terre agrandie par la puissance d'ubiquité et rétrécie par les petites proportions d'un globe fouillé partout? Il ne resterait qu'à demander à la science le moyen de changer de planète (1). »

L'unification de tous les peuples! Mais ce serait le renouvellement, à proportions mille fois plus colossales, de l'antique confusion de Babel et le signal général des plus étranges chocs des races humaines sur la terre.

Aussi le plus simple bon sens politique est-il d'accord avec les textes bibliques que nous avons cités, pour nous apprendre que l'Antechrist, après avoir procuré ou tenté cette opéra-

---

(1) *Mémoires d'outre-tombe*

tion inouïe pendant trois ou quatre années au plus, la verra tout à coup se dissoudre et se fondre, en attirant sur le monde les plus affreuses catastrophes, jusqu'à ce qu'enfin lui-même succombe et périsse misérablement sous les gigantesques débris de ce superbe édifice social, qu'il aura voulu construire en haine du vrai Dieu et de sa vraie loi.

Enfin, nous croyons que l'idée chrétienne ne tardera point à dominer chez toutes les nations du globe, à la place de ces vains systèmes philosophiques, politiques et économiques qui devaient leur procurer le bonheur, mais qui n'ont contribué qu'à leur amener le trouble et le malheur.

Et cette espérance nous console grandement au milieu des spectacles d'impiété, d'injustice et de persécution dont nous sommes les témoins.

« Je ne trouve de solution à l'avenir que dans le christianisme et dans le christianisme catholique ; la religion du Verbe est la manifestation de la vérité, comme la création est la visibilité de Dieu. Je ne prétends pas qu'une rénovation générale ait absolument lieu, car j'admets que des peuples entiers soient voués à la destruction. J'admets aussi que la foi se dessèche en certains pays. Mais s'il en reste un seul grain, s'il tombe sur un peu de terre, ne fut-ce que dans les débris d'un vase, ce grain lèvera, et une seconde incarnation de l'esprit catholique ranimera la société.

» Le christianisme est l'appréciation la plus philosophique et la plus rationnelle de Dieu et de la création ; il renferme les trois grandes lois de l'univers : la loi divine, la loi morale, la loi politique ; la loi divine, unité de Dieu en trois personnes ; la loi morale, charité ; la loi politique, c'est-à-dire liberté, égalité, fraternité.

» Les deux premiers principes sont développés ; le troisième, la loi politique, n'a point reçu ses compléments, parce qu'il ne pouvait fleurir, tandis que la croyance intelligente de l'Etre infini et la morale universelle n'étaient pas solidement établies. Or le christianisme eut d'abord à déblayer les absurdités et les abominations, dont l'idolâtrie et l'esclavage avaient encombré le genre humain...

» Le christianisme, stable dans ses dogmes, est mobile dans ses lumières. Sa transformation enveloppe la transformation universelle. Quand il aura atteint son plus haut point, les ténèbres achèveront de l'éclaircir ; la liberté crucifiée sur le Calvaire avec le Messie, en descendra avec lui ; elle remettra aux nations ce nouveau Testament écrit en leur faveur et jusqu'ici entravé dans ses clauses. Les gouvernements passeront ; le mal moral disparaîtra ; la la réhabilitation annoncera la consommation des siècles de mort et d'oppression nés de la chute.

» Quand viendra ce jour désiré ? Quand la société se recomposera-t-elle d'après les moyens secrets du principe régénérateur ? Nul ne peut le dire, on ne saurait calculer les résistances des passions (1). »

Sans admettre toutes les appréciations que contient ce passage, il est impossible de ne pas reconnaître la vérité de l'idée première, qui est : que le christianisme doit triompher sur terre de tous les esprits, et régner en même temps dans tous les cœurs, après un nombre d'années qui ne saurait être fort grand, à dater d'aujourd'hui.

Je m'abstiens de citer ici d'autres écrivains éminents chez lesquels la même pensée se trouve formulée en des termes peu différents. On peut voir ce qu'a dit là-dessus Joseph de

(1) *Mémoires d'outre-tombe.*

de Maistre dans ses *Soirées de Saint-Pétersbourg*, et notamment les pages où il ne craint pas de prophétiser la célébration du saint sacrifice de la messe à Sainte-Sophie de Constantinople avant la fin du présent xixe siècle ; pages trop connues, pour qu'il ne soit pas superflu de nous donner ici la peine de les transcrire.

Le triomphe définitif et universel de la foi catholique nous paraît donc certain et pas trop éloigné. « *Veniet et non tardabit ;* il arrivera et il ne tardera point (1), » comme disaient les anciens prophètes, lorsqu'ils annonçaient le premier avénement du Fils de Dieu en ce monde.

Mais nous pensons également que cette victoire complète ne sera donnée d'en-haut qu'après le règne de l'Antechrist et la conversion du peuple juif. Car ce ne sera qu'alors et à la suite des désastres de ce règne anti-chrétien, que s'ouvriront les yeux des plus ténébreuses intelligences. Ce ne sera qu'alors, et par le zèle ardent des enfants de Jacob convertis, que tous les hommes seront ramenés au culte et à l'amour du Dieu jadis crucifié sur le Calvaire pour leur rédemption et leur salut.

(1) Prophétie d'Habacuc, ch. ii, v. 3.

CHAPITRE II

Conclusions relatives aux événements religieux actuels.

L'Eglise est persécutée dans son chef et, le contre-coup de cette persécution se fait sentir jusqu'aux dernières extrémités de son corps. Quand la tête est frappée, il y a nécessairement douleur en tous les membres.

Toute persécution contre l'Eglise, personne ne l'ignore, lui vient de ce qu'elle a la charge et le devoir de soutenir et propager le bien à l'encontre du mal, de ce qu'elle a été fondée par Jésus-Christ pour opérer le salut du monde, de ce qu'elle est la cité de Dieu en guerre ouverte avec la cité du démon, la cité bâtie sur la ferme espérance du siècle futur, en lutte continuelle avec la cité construite uniquement sur les intérêts du siècle présent. En un mot, l'Eglise est perpétuellement en butte aux coups des persécuteurs, parce que c'est Jérusalem la ville sainte que hait et jalouse Babylone la ville coupable et réprouvée, parce que c'est l'épouse de Jésus-

Christ le prince du ciel, la nourrice et l'éducatrice de ses enfants bien-aimés, et que Lucifer, le prince du monde, est l'adversaire implacable du Dieu fait homme, comme de tous ceux qui portent son nom et se réfugient dans son bercail.

Outre cette raison générale et fondée sur les dogmes fondamentaux de la foi chrétienne, il y en a une autre non moins solide et forte, qui s'appuie exclusivement sur le sens spirituel et mystique des saints livres.

Au moment même où la justice de Dieu, irrité par la désobéissance d'Adam, prononçait la sentence redoutable qui le condamnait avec toute sa postérité à la servitude et à la mort, sa bonté s'interposant entre sa colère, car — « Dieu se souvient de sa miséricorde jusque dans son courroux, *cùm iratus fueris, misericordiæ recordaberis* (1), » — fit entendre la promesse d'un rédempteur qui nous rappellerait à une vie nouvelle. Il dit au serpent : « je jetterai l'inimitié entre toi et la femme, entre sa race et la tienne. C'est elle qui t'écrasera la tête, et toi, tu essayeras en vain de la mordre au talon, ou, comme porte le texte hébreux, tu lui briseras le talon (2). »

(1) Prophétie d'Habacuc, ch. III, v. 2.
(2) Genèse, ch. III, v. 15

On ne peut douter, disent les saints docteurs, à la tête desquels se place naturellement saint Augustin, que le serpent à qui furent adressées ces paroles ne soit le Démon, et que la femme dont il est fait l'éloge ne soit la bienheureuse Vierge Marie. Marie est mère du Dieu incarné ; elle a été la coopératrice de son Fils dans la grande œuvre de notre rédemption ; elle est la protectrice, le refuge, l'avocate, la reine et la mère de la grande famille catholique. Elle a donc été vraiment la *femme* entre laquelle et le serpent il y a eu la séparation la plus absolue d'intérêts et d'intention, l'opposition la plus directe de désirs et de conduite, l'inimitié la plus profonde et la plus irréconciliable, c'est-à-dire une inimitié éternelle. De même, entre sa postérité, qui est le peuple saint et élu, et la postérité du démon, qui est le peuple mauvais et réprouvé, il y a la même opposition invincible de pensées, de sentiments et d'actions ; il y a la même inimitié, la même guerre implacable qui durera jusqu'à la fin du monde.

Le Démon a essayé en vain d'employer, à l'égard de Marie, ce qui lui avait autrefois réussi auprès d'Eve ; tous les artifices dont il a usé pour l'entraîner dans ses voies sont demeurés sans succès. Elle est restée toujours pure et immaculée, toujours « pleine de grâce et de vérité » à la ressemblance de son divin Fils.

Qu'a fait alors ce méchant esprit pour se venger d'elle ? il a substitué la fureur du lion à l'astuce du serpent. De même qu'il a persécuté à outrance le Fils né de ses entrailles, qui est Jésus-Christ, il a résolu aussi de ne laisser ni paix ni trêve à la famille née de son cœur au pied de la croix du Calvaire, c'est-à-dire à tous les membres de la véritable Eglise, qui est l'Eglise catholique. Et ainsi s'est réalisée la prophétie antique ; *inimicitias ponam inter te et mulierem, et semen tuum et semen illius, et tu insidiaberis calcaneo ejus* (1).

Mais la persécution intentée par l'enfer redouble parfois d'acharnement et de furie. Il y a des temps où les hostilités se ralentissent, et des temps où elles reprennent avec une vivacité formidable.

Or, ces attaques redoublent de violence en trois principales circonstances :

Premièrement, lorsque par le sage gouvernement de son chef, par l'enseignement de ses docteurs, ou le zèle de ses apôtres, ou la vigilance de ses pasteurs, l'Eglise vient d'obtenir un consi-

(1) Voyez ci-dessus, p. 235.

dérable progrès dans la propagation qu'elle s'efforce de faire de la vérité dans le monde, et par là même une éclatante victoire dans la lutte perpétuelle qu'elle soutient et doit soutenir contre l'erreur et le mal; secondement, lorsque la très-sainte Vierge, ou immédiatement et d'un coup de sa puissante main maternelle, ou indirectement par son incessante intercession auprès de Jésus son Fils, a opéré certains actes prodigieux, éclatants de protection et de tendresse pour la grande famille catholique; et troisièmement, lorsque la catholicité, se levant tout entière, témoigne par une démonstration unanime, extraordinaire et durable, sa profonde vénération et son amour à toute épreuve envers son incomparable Mère, la Vierge bénie qui règne au ciel.

Il serait facile de prouver ce que nous avançons, en jetant un coup d'œil rétrospectif sur les dix-huit siècles du christianisme. Mais ce serait nous abandonner à une digression trop longue. Cette preuve n'aurait d'ailleurs que peu d'utilité pour le lecteur qui a réfléchi aux causes secrètes de l'éveil et de l'action des persécuteurs de l'Eglise. Il est évident que l'agrandissement du bien, la propagation du culte de Marie et l'effusion de ses miséricordes, doivent immanquablement exciter la rage de l'enfer et allumer ses vengeances.

D'après ces données, il est facile de deviner d'où viennent à l'Eglise et à son vénérable chef les violents assauts dont nous sommes actuellement les spectateurs.

Il est certain que depuis le commencement du XIX⁰ siècle, le catholicisme a fait de grands progrès dans le monde. A la suite de sa victoire sur l'impiété de 93, l'Eglise a vu une foule de préjugés contre elle, tomber devant le bon sens des peuples. L'Evangile a été prêché à des peuplades sauvages et dans des îles jusque là inconnues ; une multitude d'hérétiques au cœur droit est revenue à l'ancienne foi ; le schisme lui-même est ébranlé et aspire à s'unir de nouveau à l'Eglise romaine, mère et maîtresse de toutes les Eglises ; nous en avons la preuve dans le merveilleux retour de ces milliers de Bulgares dont les feuilles publiques nous ont apporté tout récemment la consolante nouvelle.

D'autre part, quel siècle fut, plus que le nôtre, favorisé de la protection de Marie ? Que de miracles n'a-t-elle point faits en notre faveur ! Que de grâces et de bénédictions ne nous a-t-elle point obtenues de Dieu le Père ? Que de conversions éclatantes qui viennent d'elle? Combien de fois a-t-elle étendu visiblement sa main bénie pour consoler l'Eglise, fortifier ses enfants contre la séduction et l'aider à vaincre ses mortels ennemis! Qu'on me permette de ne citer aucun de ces faits miraculeux, connus certainement du lecteur.

Mais maintenant, à ces inappréciables faveurs, la terre a répondu par un concert de louanges et d'actions de grâces. Elle s'est ingéniée, pour ainsi dire, de mille manières à témoigner sa reconnaissance envers la Reine des anges et des hommes. Jamais, peut-être, en aucun siècle, le culte de Marie n'a été plus répandu, plus exalté, plus aimé, plus populaire. Jamais on ne vit autant de fêtes, de cérémonies, de monuments établis en son honneur. Nous serions encore fort embarrassé s'il nous fallait en faire une énumération détaillée. Citons seulement ce grand fait qui domine tous les autres, les efface ou plutôt les sanctionne et les couronne tous : la promulgation solennelle et à jamais mémorable du dogme de l'Immaculée-Conception, qui fut acclamée avec tant de joie chez tous les peuples du monde.

En sorte que, d'un côté, les grands signes de

protection spéciale qu'a donnés la sainte Vierge, et de l'autre, les nombreux témoignages de respect et d'amour qu'elle a reçus en échange, ont déjà valu et assureront à notre siècle le glorieux surnom de Siècle de Marie.

Les trois principaux motifs de persécution existent donc de nos jours contre l'Eglise de Dieu. Elle se réalise évidemment, vis-à-vis d'elle, la prophétie de l'Apocalypse : « Le dragon s'est irrité contre la *femme*, et il est allé faire la guerre aux enfants qui lui restent, qui gardent les commandements de Dieu et rendent témoignage à Jésus-Christ ; *iratus est draco contra mulierem et abiit facere prælium* (1), » etc. Les puissances infernales sont sorties de l'enfer et se déchaînent contre la société catholique qui met le plus puissant obstacle à l'universalité de leur empire sur la terre. Comme toujours, leur tactique est savante ; elles ont recours tantôt à la ruse et tantôt à la violence, elles cherchent à ébranler tantôt le dogme et tantôt la morale en créant des principes et des droits nouveaux. Par leurs innombrables suppôts, elles persécutent l'Eglise ici dans son chef et là dans ses membres. Aujourd'hui, c'est son pouvoir temporel que l'on

---

(1) Apocalypse, ch. xii, v. 17.

conteste et que l'on essaie de lui ravir ; demain ce sera la souveraineté spirituelle. Nous sommes convaincu que cette persécution de l'enfer n'est pas près de finir ; elle s'accroîtra encore jusqu'à ce qu'elle atteigne son apogée sous le règne de l'Antechrist, dont la fin sera aussi celle de la domination de l'esprit de ténèbres sur le monde. Le prince des démons le sait. Aussi son dépit et sa rage s'augmentent-ils chaque jour d'une manière visible. Ce qui nous amène encore à l'accomplissement de ces autres paroles mystérieuses : « Et j'entendis une grande voix dans le ciel qui dit : malheur à la terre et à la mer, parce que le Diable est descendu vers vous, plein d'une grande colère, sachant qu'il lui reste peu de temps. *Væ terræ et mari, quia descendit diabolus ad vos, habens iram magnam, sciens quòd modicum tempus habet* (1). »

Pendant ces jours de tristesse et de malice, il ne faut pas que les vrais serviteurs de Dieu, qui sont aussi les fidèles enfants de son Eglise, se découragent et se laissent abattre. Qu'ils prennent confiance, au contraire, et qu'ils persévèrent dans l'énergique résolution d'accomplir tous leurs devoirs, en ayant soin de s'appliquer cet avis de

(1) Apocalypse, ch. xii, v. 12.

l'Esprit-Saint : « Bienheureux ceux qui lavent leurs vêtements dans le sang de l'Agneau, afin qu'ils aient droit à l'arbre de vie et qu'ils entrent dans la ville par les portes; » c'est-à-dire bienheureux ceux qui purifient constamment leurs âmes par l'application des mérites de la passion de leur Sauveur, afin qu'ils puissent voir sur la terre le règne de Jésus-Christ, l'arbre véritable de la vie et entrer un jour avec lui dans la cité céleste ! *Beati qui lavant stolas suas in sanguine Agni ut sit potestas eorum in ligno vitæ et per portas intrent in civitatem* (1). »

J'ai dit le règne de Jésus-Christ *sur la terre*, comme nous en faisons si souvent la demande par ces expressions qu'il nous a enseignées lui-même : « Que votre royaume arrive, *adveniat regnum tuum ;* que votre volonté soit faite en la terre comme au ciel, *fiat voluntas tua sicut in cœlo et in terra.* » Pourquoi ? Parce que, encore une fois, nous avons de justes motifs de croire que la persécution actuelle contre l'Eglise se terminera par un grand triomphe pour elle; que les succès présents de l'impiété, auxquels viendront s'ajouter ceux de l'Antechrist, son dernier représentant, seront suivis de plusieurs années de

(1) Apocalypse, ch. xxii, v. 14.

consolation et de gloire pour le catholicisme, seul vrai royaume du Christ en ce monde. C'est en effet là, immédiatement après la chute de « l'Homme de péché, » qu'il faudrait placer la réalisation complète des prophéties qui annoncent, vers la fin des temps, une ère admirable de justice et de sainteté parmi tous les peuples et conséquemment une époque de paix et de bonheur pour l'Eglise catholique.

Il est inutile de répéter nos paroles ; nous ajouterons seulement quelques autres raisons tirées exclusivement de la théologie et de l'histoire.

La première, c'est que nous voyons dans les annales de l'histoire la réaction du bien suivre constamment le triomphe éphémère du mal. Ne recourons pas aux faits historiques qui précèdent la venue du Rédempteur, arrêtons-nous aux siècles du christianisme.

Voyez d'abord cette épouvantable persécution, longue de trois cents années, qui suivit la prédication de l'Evangile. Le génie du mal eut recours à tous les artifices, à toutes les séductions, à tous les supplices, pour entraver le progrès de l'Eglise catholique, pour l'anéantir et l'étouffer dans le sang. Mais, vains efforts ! L'enfer fut vaincu ; le Chrit triompha ; et survint alors une ère de bonheur et de prospérité pour le catholicisme, qui gouverna le monde pendant plus de mille ans consécutifs. L'hérésie protestante vient elle ensuite à séduire les peuples ? Vient-elle allumer en Europe la torche des guerres civiles et relever les échafauds de la persécution en Allemagne, en Suisse, en Hollande, en Angleterre ? Cent ans plus tard, sa marche est suspendue tout à coup. Le bien se redresse de nouveau contre le mal. L'orthodoxie fait reculer l'hérésie et le schisme ; des missions catholiques se forment et se répandent jusqu'aux extrémités du monde ; et l'Eglise, en peu de temps, répare ses pertes précédentes. Arrive la Révolution française ; le gouvernement de la Terreur commence son œuvre de démolition contre tout ce qui tient de près ou de loin à la religion véritable. Mais à peine dix ans se sont-ils écoulés, que l'impiété se voit contrainte de se taire ou de fuir devant cette Eglise même, qu'elle avait espéré *radicalement* détruire, mais qui de nouveau se relève radieuse et triomphante.

Nous ne citons ici, comme on voit, que les principales crises par lesquelles s'est signalée dans le monde la vie du catholicisme ; il serait facile de montrer le retour du même phénomène réactionnaire du bien contre le mal dans des circonstances très-nombreuses, mais beaucoup moins importantes.

Or, ce que Dieu a fait si souvent pour la consolation de ses élus, il le fera encore ; car son bras n'est ni raccourci ni affaibli par le laps des siècles. Il le fera prochainement, et il le fera une dernière fois avec une solennité et un éclat extraordinaires. Son amour pour ses enfants ne varie jamais. Les déchaînements actuels contre l'Eglise vont se prolonger probablement encore durant quelque temps ; mais ils cesseront ensuite totalement. L'enfer succombera et ses suppôts périront jusqu'au dernier. Après leur ruine, l'Eglise reprendra, en souveraine, le sceptre du monde civilisé, qu'elle gardera jusqu'à la fin. La puissance de réaction du bien sera en proportion des envahissements du mal. Ce mal en était venu jusqu'aux dernières limites ; il avait régné, il s'était étendu par toute la terre. Il sera donc juste que le catholicisme, seule véritable formule du bien, étende sa domination jusqu'aux extrémités du globe, qu'elle illumine tous les esprits et règne dans tous les cœurs ; et de la sorte, la persécution qui aura été la plus furieuse et la plus générale, aura pour résultat définitif, de propager en tous lieux la connaissance et l'amour de Notre-Seigneur Jésus-Christ et de sa sainte Eglise : la mort engendrera une dernière fois la vie.

Oui, nous le disons avec la plus complète confiance, à quoi servent principalement ces attaques si indécemment dirigées aujourd'hui contre notre saint père le Pape? Elles n'aboutiront, en vérité, qu'à faire mieux connaître sa personne et apprécier son autorité par toute la terre, qui semble exclusivement occupée à parler de lui. Encore un peu de patience, et nous le verrons.

Lorsque les persécutions du paganisme cessèrent, l'univers entier se trouva chrétien par les effets même de propagation et de vie que Dieu, qui se rit des méchants et de leurs complots, attache, comme dons et vertus, aux injustes persécutions faites à ce qu'il aime et protége. Jésus l'avait prédit à ses Apôtres, quand, après leur avoir annoncé qu'ils seraient toujours pour le monde un objet de mépris et de haine, il leur disait : mais prenez courage; j'ai vaincu le monde, *confidite, ego vici mundum*; votre tristesse se changera en joie, *tristitia vestra vertetur in gaudium*; et je serai avec vous jusqu'à la consommation des siècles ; *vobiscum sum usque ad consommationem sæculi.*

C'est pourquoi nous avons l'intime conviction qu'il arrivera, par les mêmes voies providentielles, que, durant la persécution actuelle et celles qui la suivront, la foi catholique, pourchassée de toutes parts, fera pénétrer ses dogmes, ses lois, sa morale, son esprit vivifiant chez tous les peuples, comme un arbre qui ne fortifie et n'étend jamais mieux ses racines que durant les secousses violentes de la tempête. En sorte que, après la chute de l'Antechrist, le monde entier se trouvera chrétien et catholique, c'est-à-dire totalement dévoué à Jésus-Christ, irrévocablement attaché aux maximes de son Evangile, plein d'obéissance et d'amour envers notre saint père le Pape, son représentant et son vicaire.

Le second motif, sur lequel nous appuyons fortement notre espérance de voir arriver prochainement ce définitif triomphe de la plus juste des causes, c'est la certitude de la protection de la sainte Vierge.

Elle a été depuis dix-huit siècles le secours continuel des chrétiens, *Auxilium christianorum.* Elle s'est constamment montrée « terrible comme une armée rangée en bataille » contre les ennemis de son Fils ; *Terribilis ut castrorum acies ordinata.* Il n'y a pas eu une seule hérésie qu'elle n'ait combattue et détruite ; *cunctas hæreses interemisti*, chante l'Eglise en sa louange. On n'a jamais ouï dire qu'elle ait refusé son assistance à qui que ce soit, mais surtout à l'Eglise qui l'invoquait au milieu des combats et des orages.

Or, Marie oublierait-elle, de nos jours, sa tendresse de mère pour nous qui ne sommes pas moins ses enfants que nos ancêtres ? Fermerait-elle son oreille aux supplications qui lui sont adressées aujourd'hui comme autrefois ? Serait-elle devenue indifférente aux blasphèmes vomis contre le culte de son Fils, à la détresse inouïe de ses serviteurs, à l'insolent triomphe que proclame l'impiété de toutes parts ? Aurait-elle l'intention de déroger à son antique sollicitude pour la gloire de Dieu et l'extension de son règne sur la terre ?

Non, non ! cela n'est pas possible. Loin de nous cette triste pensée ; elle est trop injurieuse pour Marie, pour ses divins priviléges, pour son cœur toujours tendre et maternel. Marie sera donc indubitablement de nos jours, pour l'Eglise catholique, aussi bonne et aussi puissante protectrice que dans les siècles passés. Il est vrai que le siècle présent a étrangement abusé des grâces qu'elle lui avait obtenues ; mais cependant il faut espérer fermement qu'elle ne se rebutera point devant notre indignité, qu'elle intercédera pour nous avec une nouvelle énergie, qu'elle relèvera le bras pesant de son Fils qui, nous ayant frappés déjà, s'apprête à nous frapper encore avec plus de rigueur.

Nous avons de cela une croyance d'autant plus inébranlable, que, outre les traditions et les coutumes du cœur extraordinairement miséricordieux de Marie, nous estimons pouvoir dire que cette auguste Mère a contracté, depuis quelques années, une certaine obligation de secourir avec plus d'empressement que jamais l'Eglise et ses chers enfants.

En effet, y eut-il un siècle plus pieux que le nôtre envers elle ? Quelle est l'époque où l'on a chanté ses louanges et proclamé ses prérogatives avec autant de ferveur et d'amour ! Quel est l'âge de l'Eglise où les populations chrétiennes se soient adonnées avec plus d'universalité et d'élan à son culte, à l'imitation de ses vertus, à l'avancement de sa gloire ?

Et d'ailleurs, si l'Eglise souffre tant de persécutions surtout dans son chef, ne le doit-elle point, en partie, au dépit furieux qu'a causée aux puissances infernales la proclamation du dogme de l'Immaculée-Conception ? Cette solennelle décision sera à jamais l'honneur de la dernière moitié du xixe siècle. En la proclamant, notre saint père le Pape a foulé aux pieds tout respect humain, il a bravé le monde et ses mépris. Il n'a eu qu'une seule pensée et qu'un seul désir en son cœur, c'était de plaire à Marie, et par Marie à Jésus ; c'était de les honorer comme ils le méritent ; c'était d'accomplir leur sainte volonté. L'Eglise et son chef ont donc, aujourd'hui plus que jamais, le droit d'espérer de la bonté de Jésus et de Marie, pour une époque peu éloignée, la plus éclatante protection, le plus puissant secours, le plus solennel triomphe, la plus durable paix.

Nous lisons dans la *Cité Mystique* de la vénérable mère Marie d'Agréda, un admirable récit des premiers combats dirigés par les esprits mauvais contre l'Eglise naissante, et des grandes victoires que remporta sur eux la Reine des anges et des hommes. Il se termine ainsi :

« Pour achever sa victoire dans le Cénacle,

quoique Lucifer en eût été chassé et se trouvât au dehors attaché à la chaîne que tenait notre victorieuse Reine, cette grande dame connut qu'il était temps et que c'était la volonté de son très-saint Fils, de le précipiter dans les cavernes de l'enfer; et, en vertu de cette puissance divine, elle lâcha le grand Dragon et tous ses démons, et leur recommanda avec empire, de descendre à l'instant dans l'abîme. Aussitôt que la bienheureuse Marie eût fait ce commandement, ils tombèrent tous dans les plus profonds gouffres de l'enfer, où ils restèrent quelque temps à exhaler leur rage dans des hurlements effroyables, pendant que les saints anges chantaient de nouvelles hymnes de louanges au Verbe incarné pour ses victoires et pour celles de son invincible Mère (1). »

Ainsi en arrivera-t-il des assauts actuellement livrés contre l'Eglise catholique. Ainsi triomphera-t-elle de tous ses ennemis par la protection de la Vierge invincible et immaculée. Ne nous troublons donc pas au milieu de la tempête. Combattons vigoureusement, puisque telle est la volonté du Seigneur. Ne soyons ni lâches, ni oisifs, ni insouciants, ni fatalistes au milieu des

---

(1) *La Cité mystique*, part. III, liv. VIII, ch. VII.

épreuves que nous envoie sa Providence. Mais soutenons, à chaque heure, notre courage par la pensée de la certitude d'être prochainement secourus d'en haut et de recevoir les palmes d'une magnifique victoire.

Oui, bientôt, les enfants de l'Eglise pourront répéter, avec leur Mère, les chants de triomphe dont il est parlé dans la citation précédente. Saint Jean, dans l'Apocalypse, en a tracé le mode et le ton à l'avance. Ce sont les applaudissements, les acclamations et les réjouissances de l'Eglise militante sur la ruine de Babylone, la grande capitale de l'Antechrist et sur l'avénement du règne parfait de l'Agneau sans tache : « *Alleluia*, salut, gloire et puissance à notre Dieu, parce que ses jugements sont véritables et justes ; qu'il a condamné la grande prostituée qui a corrompu la terre par sa prostitution, et qu'il a vengé le sang de ses serviteurs qu'elle a répandu par ses mains. *Alleluia*, Ainsi soit-il. Louez votre Dieu, vous tous qui êtes ses serviteurs et qui le craignez, grands et petits. Le Seigneur, le Tout-Puissant a établi son règne; réjouissons-nous, soyons dans la joie et rendons-lui gloire, parce que le moment des noces de l'Agneau est venu et que son épouse s'y est préparée. Et il lui a donné de se revêtir d'un lin pur et blanc ; et ce lin est la justice des saints (1). »

CHAPITRE III

Conclusions relatives aux événements politiques du jour.

Comment les apprécier ? Quand finiront-ils ? Et quels résultats auront-ils ? Telles sont, sans doute, les questions qui se présentent les premières à notre esprit, et sur lesquels nous voudrions, d'abord, satisfaire son inquiète curiosité.

Il est certain que l'Europe entière s'attend à de graves commotions dont les troubles actuels ne sont que les préliminaires. Son état d'ennui et de gêne ne saurait durer longtemps. De toutes parts l'on prête l'oreille, et il semble à chacun entendre un bruit sourd et souterrain, ordinaire précurseur de violentes secousses et d'affreuses tempêtes.

---

(1) Apocalypse, ch. xx, v. 1 et suiv.

ÉVÉNEMENTS POLITIQUES DU JOUR. 255

La Révolution marche toujours la tête haute et fière. Loin de la combattre et de l'arrêter, plusieurs de ses ennemis naturels l'encouragent au contraire, et lui prêtent assistance et appui. Ils empêchent même que d'autres, plus fermes et plus justes qu'eux, ne l'attaquent et ne lui infligent le châtiment qu'elle mérite pour ses attentats sans nombre.

La Révolution, c'est essentiellement la guerre contre l'Eglise catholique, contre la vérité révélée, contre l'autorité légitime, et en dernière analyse, contre Dieu. Voilà pourquoi les hommes contraires ou indifférents au catholicisme, à la vérité révélée, à l'autorité légitime, au vrai service de Dieu, aiment la révolution, l'aident ou l'excusent dans ses entreprises, et contribuent directement ou indirectement à l'extension et à la consolidation de son empire par leurs paroles, leurs exemples, leurs journaux, leurs sympathies secrètes ou déclarées.

Cette règle est infaillible pour juger sainement les deux grandes questions dans lesquelles la Révolution s'est formulée en ces dernières années, je veux dire la question d'Italie et la question d'Orient. Grandes questions, en effet; qui, en dernière analyse, sont celles du Pape et de l'Antechrist, du Christ et de Satan, de la vérité et de l'erreur, du bien et du mal!

Il est à remarquer que la Révolution, cette infatigable fille de l'Enfer, ne se repose jamais, pas plus que le Démon, son inspirateur et son père. Maltraitée ou réduite au silence dans un pays, parce que ses adhérents y sont, ostensiblement du moins, en petite minorité, elle ne se rebute point. Elle se voile seulement, ou bien elle n'élève pas assez fortement la voix pour être entendue de ceux qui auraient la force de la réprimer et punir, si elle venait à les importuner mal à propos. Mais aussi elle sait fort bien, alors, se dédommager en se montrant à découvert et sans gêne dans un autre pays voisin, et en y faisant retentir toutes les feuilles et tribunes publiques du bruit discordant de ses récriminations.

Pour preuve de ce que j'avance, il suffirait de jeter un coup-d'œil rétrospectif sur l'histoire des quatre-vingts ou cent dernières années. Mais le lecteur m'en dispensera; il connaît cette triste histoire; il lui sera facile de vérifier mon affirmation.

Aujourd'hui, par suite de ses évolutions nombreuses et habiles, la Révolution est parvenue à se glisser chez tous les peuples de l'Europe, tout en faisant semblant de se réduire aux deux théâtres, trop retentissants, que nous venons de nommer. Mais aussi, voyez comme elle y agit vigoureusement! comme elle y marche audacieusement! comme elle s'y explique clairement! comme elle y jette son masque impudemment! comme elle s'y vante effrontément de son origine qui est l'esprit de ténèbres, de sa nature qui est le désordre et la haine, de son but qui est la destruction du culte de Dieu, après avoir détruit son Eglise.

Quant à ses faits et gestes en Italie, c'est sous ce point de vue qu'ils doivent être jugés par tout esprit droit et éclairé, par tout cœur honnête et pur, comme par tout chrétien judicieux et sincère. Et dès lors, nécessairement, ils seront maudits et condamnés; ainsi qu'ils méritent de l'être, quoique une multitude de gens semble avoir pris à tâche de les approuver et louer à outrance.

Et en effet, je vous le demande, la Révolution, en Italie, n'agit-elle pas selon sa nature? Quels sont ceux qui la soutiennent?

Nous ne parlerons pas ici de la violation effrontée du droit des gens vis-à-vis des princes, tels que le roi de Naples, le grand duc de Toscane, les ducs de Modène et de Parme, et vis-à-vis de leurs peuples qui tiennent à leur autonomie. Nous circonscrivons la question italienne dans les intérêts de la Papauté, que la Chrétienté entière fait les siens propres.

Or, le Pape est menacé de toutes parts; la violence l'a dépouillé de presque tous ses Etats; la calomnie l'accable de ses outrages; il est obligé de faire un appel à tous ses enfants, afin de pouvoir se maintenir à Rome dont on veut le chasser et dont il sera peut-être obligé de fuir. Vainement affecte-t-on de dire qu'on ne haït point sa personne sacrée et qu'on est plein d'attachement et de respect pour son autorité spirituelle. Quel est l'homme assez candide et simple pour prendre ces affirmations à la lettre et les adopter sans examen ? La Révolution continue là son rôle d'hypocrisie et d'astuce. Elle en veut surtout au pouvoir spirituel. Car si, par la permission divine, cette base immuable jusqu'ici de l'ordre, de la religion, de la propriété, en un mot de la société tout entière, venait à être ébranlée et arrachée, alors arriverait soudain le triomphe universel de la Révolution. D'un seul bond elle atteindrait son but;

elle deviendrait, en un instant, la dominatrice de la terre ; et ses chefs, se faisant adorer par les peuples, substitueraient partout leurs caprices à la volonté divine, et leurs tyranniques décrets aux lois de la conscience.

Les révolutionnaires secouent donc avec rage cette pierre angulaire, la plus dure de toutes les pierres, posée par la main du Fils de Dieu lui-même, au milieu du monde, pour en être le fondement et le soutien. Et naturellement la partie qu'ils sont parvenus plus facilement à heurter, c'est celle où se trouve incrustée, par la main de la Providence, la principauté temporelle.

Quand on leur dit : mais si le Pape est chassé de Rome, s'il perd sa couronne de roi, si, de souverain qu'il est, vous en faites un sujet, où le mettrez-vous ? En quel pays se réfugiera-t-il pour exercer son pouvoir spirituel qui est absolument nécessaire au gouvernement et à la vie de la chrétienté, comme la tête l'est pour la vie et le gouvernement de tout le corps ? Qu'il aille où il pourra et voudra, répondent-ils alors ! et ainsi se démasquent-ils, montrant à nu, non pas seulement leur défaut de souci et d'amour pour l'autorité du pontife, mais la haine et la rage qui remplissent leurs cœurs contre elle et contre Celui de qui elle émane.

Et mesurez le progrès de la Révolution depuis douze ans! En 1848 et 1849, l'immense majorité, soit en France et en Angleterre, soit en Allemagne et en Russie, maudissait et réprouvait les révolutionnaires italiens qui avaient chassé le Saint-Père de Rome, après avoir traîtreusement assassiné son ministre. Mais aujourd'hui n'y a-t-il pas une foule de conservateurs d'alors qui font cause commune avec ces mêmes prétendus patriotes, qui les approuvent, les appuient et vont même jusqu'à donner le surnom de grands hommes à quelques-uns de leurs chefs; tandis que l'histoire, dans sa froide impartialité, les qualifiera certainement de flibustiers, de voleurs et de brigands, comme ayant foulé aux pieds tout droit, toute justice, toute honnêteté.

Une considérable portion de la bourgeoisie, ou autrement de la classe moyenne, s'est laissé, surtout en France, entièrement dévoyer sur cette grande question. Et pourquoi? parce que, généralement parlant, elle n'a pas de religion; qu'elle a renié les vrais principes sociaux; qu'elle ne veut point s'appuyer sur le catholicisme ou la vérité révélée, et qu'elle flotte à tout vent de doctrine. Ne découvre-t-elle pas, sans le vouloir peut être, son absence de foi religieuse et son ignorance des véritables fondements de la vie sociale, en prônant, comme elle fait, les adversaires de la Papauté, en célébrant leurs œuvres d'astuce et de pillage, en les stimulant à de nouvelles attaques contre le père commun des fidèles et en approuvant, presque sans exception, toutes les énormités qu'ils ont commises contre lui, depuis quelques années, en Italie.

Les aveugles ! eux qui sont tant attachés à la terre, à leurs maisons, à leur or, à leurs revenus, à leurs honneurs et plaisirs; eux qui oublient leur âme, le ciel et Dieu pour ne s'occuper que de ces choses terrestres auxquelles ils mettent toute leur complaisance ; ils ne songent pas que les misérables artisans de troubles, qu'ils aiment, qu'ils poussent au pouvoir, et dont ils facilitent les succès, sont les vrais pionniers de l'Antechrist, comme l'a dit dernièrement l'un des plus éminents évêques de France ; et que la Révolution, arrivant à leur suite, dépouillera les riches et les heureux du jour, les chassera de leurs maisons, s'emparera de leurs revenus, et puis les forcera de se courber sous le joug du grand autocrate, son dernier et magnifique chef qui fera d'eux ses valets et ses esclaves.

Il est possible, certes, qu'il s'élève prochainement une assez forte réaction contre les meneurs révolutionnaires. Il est probable, il est à peu près certain que peu de temps se passera sans que les Puissances de l'Europe encore saines se lassent d'assister, l'arme au bras, à ce spectacle d'anarchie et de crimes, et qu'elles se décident à intervenir pour y mettre fin. Mais cette intervention tardive ne sera qu'un remède momentané. Après quelques heures d'étonnement et d'arrêt, il y aura une nouvelle avalanche d'idées désorganisatrices, un nouveau flux de passions orgueilleuses et cruelles, qui viendra fondre sur la société privée de vertus chrétiennes ; et puis surviendront de nouveaux combats et de nouvelles tempêtes jusqu'à ce que les fruits de la Révolution, étant parvenus à leur parfaite maturité, soient mis à la disposition de l'Antechrist. Cet homme, adroit autant que pervers, saura bien s'en servir comme d'aliments propres à satisfaire son insatiable orgueil et comme d'armes puissantes pour conquérir la domination universelle.

On parle beaucoup, en ce temps-ci, du remaniement de la carte de l'Europe ; je le crois prochain aussi bien que pour l'Asie et une partie de l'Afrique. L'Antechrist ne sera point embarrassé pour mettre toutes choses à leur place, sous le même niveau qu'aura déterminé la pesanteur de son sceptre de fer. Que les potentats et les peuples chrétiens continuent à se diviser, se jalouser, se soulever et s'*annexer* les objets de leur convoitise. Viendra peut-être bientôt l'année où l'Antechrist rétablira parmi eux l'accord et leur imposera la paix à tous dans l'esclavage. Ils l'auront aidé, par leurs misérables querelles, à s'asseoir sur le trône du monde; et il les récompensera en les admettant sous son drapeau, en leur jetant quelques miettes de sa table, s'ils lui obéissent, ou en peuplant ses cachots de leurs personnes, s'ils essayent de lui faire résistance.

Vous êtes un prophète de malheur, me dira-t-on; vous voyez tout en noir; vous exagérez le mal à dessein pour aboutir à des conséquences désastreuses. On a vu, dans d'autres siècles, d'autres agitations de peuples, d'autres attaques contre l'Eglise et l'ordre social, d'autres violations de droits solennellement reconnus, d'autres hommes puissants et pervers tout à la fois, d'autres princes corrompus et corrupteurs, enfin d'autres fauteurs et fabricateurs de désordre et d'anarchie. Et cependant ni la vérité, ni la sainte Eglise, ni le bon droit, ni la société n'ont succombé. Après l'orage et la tempête sont revenus le calme et la sérénité. Les peuples ont ouvert les yeux. Les hommes raisonnables et honnêtes ont repris le dessus. Les ennemis de la justice et de la paix ont été contraints de fuir ou de se taire, et le monde n'a point tardé à reprendre son ancienne face et sa marche accoutumée.

Oui, je sais que quelques esprits assez judicieux d'ailleurs, renouvellent cette objection qu'on m'a plusieurs fois adressée, quand j'exposais, de vive voix, les idées qui précèdent. Mais ces honorables contradicteurs se font illusion ; leur erreur est grande, s'ils en sont à croire que les temps où nous vivons sont des temps ordinaires, que notre siècle ressemble aux siècles passés et que les années qui vont suivre présenteront la répétition des précédentes. La vérité est que nous vivons en une époque extraordinaire. Nous sommes en plein sixième âge de l'Eglise et non pas au second, ou au troisième ou au quatrième. Nous assistons à la vieillesse de la société et non point à sa jeunesse ou à son âge mur. Nous ne sommes, ni au commencement, ni au milieu des temps, mais vers ce temps que les saints livres appellent la fin des temps.

Dans les siècles passés, il y a eu des guerres injustes, de grandes agitations parmi les peuples, des moments de vertige pour les rois et pour leurs sujets, des révoltes et des tyrannies, des égarements d'hommes et de nations. Mais tout cela fut momentané. C'étaient des orages qui fuyaient. Le mal n'habitait qu'à la surface ; l'on se trouvait d'accord sur les principes fondamentaux, et la dispute s'échauffait seulement par rapport à leur mode d'application. Pour engager ou soutenir le combat, les hommes d'alors se plaçaient sur un terrain regardé par tous comme inébranlable et sacré. Voilà pourquoi les partis en guerre ouverte arrivaient promptement à s'entendre et à faire la paix. Ces divisions fréquentes, mais heureusement passagères, entre des hommes d'un même culte et souvent d'un même pays, étaient inhérentes à la nature humaine, qui a été si profondément altérée par le péché originel, qui est si fortement inclinée à l'orgueil et à la domination, qu'elle réclame sans cesse l'indépendance comme un droit, à moins que la grâce de Dieu ne lui vienne en aide pour lui faire aimer le joug salutaire de l'obéissance.

Mais aujourd'hui il n'en est plus de même. Ce n'est pas seulement la surface ou l'écorce qui est troublée et bouleversée en notre état social. Ce n'est pas sur des questions purement extérieures, incidentes et matérielles, pour ainsi dire, que l'on est en désaccord et en guerre, mais sur les principes même les plus essentiels, sur les bases mêmes de la société. On veut bouleverser, de fond en comble, ce qui a été jusqu'ici le critérium de l'humanité. On veut renverser l'axe et le pivot sur lesquels ont tourné jusqu'à présent les destinées humaines, et leur en substituer d'autres totalement inconnus. Autrefois les partis en présence croyaient et entendaient agir au nom de Dieu qu'ils invoquaient avec une ferveur et une bonne foi qui paraissaient égales. Mais maintenant Dieu est mis absolument de côté, et l'homme entend agir uniquement au nom de l'homme et de ses prétendus droits naturels.

Jadis ce n'était qu'un seul pays, ou tout au plus deux à la fois, sur lesquels les désordres révolutionnaires exerçaient leurs ravages. Mais aujourd'hui toute l'Europe, une grande partie de l'Amérique et de l'Asie ne sont-elles pas en ébullition complète, divisées en une foule de partis dont la plupart, ne rêvant que les utopies et les systèmes les plus subversifs, favorisent, de leur argent et de leurs sympathies, les audacieux escrocs qui vont, en Italie ou autre part, renverser le droit et l'autorité légitime pour y substituer leur rapace et tyrannique domination.

Nous pensons donc avoir pleinement raison de prévoir et d'attendre, pour un avenir prochain, les plus terribles catastrophes comme conséquences des progrès actuels de la Révolution, c'est-à-dire de la violation des droits les plus anciens et les plus sacrés, de la désertion des principes les plus nécessaires au soutien de la société civile, religieuse et politique. Et si l'on nous appelle prophète de malheur, nous avouons que nous le sommes en effet, à notre très-grand regret. Nous aimerions mille fois mieux ne l'être pas, et annoncer une ère de gloire et de prospérité, au lieu d'une époque de décadence et de honte.

Mais ce n'est pas nous qui créons les événements; ce n'est pas nous qui fomentons les passions humaines; ce n'est pas nous qui sommes les flatteurs de la Révolution et les bas valets de ses représentants. Nous n'avons pas à nous reprocher d'avoir travaillé à la diminution et à l'anéantissement de la vérité, de de la charité, de la justice, de l'honnêteté et de la piété, ces puissantes et indispensables sauvegardes du bonheur et de la paix des peuples. Si nous sommes forcés d'être prophète de malheur, qu'on s'en prenne à ces hommes, en trop grand nombre, tarés, impies, immoraux et corrupteurs qui apportent et attisent partout le feu de la haine et de la vengeance, de l'envie et de la violence.

Mais, dit-on encore, il y a eu des époques encore plus chargées de crimes que la nôtre, comme, par exemple, celle qui précéda immédiatement le jour de l'Incarnation; et Dieu pardonna tout au genre humain. N'en serait-il pas de même cette fois-ci? Le Seigneur ne fera-t-il point fléchir encore la balance de sa justice en faveur de sa miséricorde?

Nous ne regardons point comme fondé ce recours à la bonté divine. Nous avons contracté l'habitude, faibles créatures que nous sommes, de nous prévaloir sans cesse de la clémence céleste, et de la placer devant les coupables, comme un bouclier qui les protége contre toute éventualité fâcheuse. Aussitôt qu'il arrive un malheur ou qu'il apparaît un signe funeste, nous cherchons à nous raffermir et consoler en disant : « Dieu est bon ; il ne frappe que pour redresser, et sa miséricorde suit toujours sa colère ; *Cùm iratus fueris, misericordiæ recordaberis* (1). »

Adorons et bénissons à jamais la bonté incompréhensible du Seigneur. Il ne faut pas néanmoins oublier que Dieu est juste aussi bien que bon, et même qu'il n'est bon que parce qu'il est juste. Avec cette continuelle condescendance que certains esprits essayent de lui attribuer, tout châtiment irrévocable du péché deviendrait impossible. L'Enfer lui-même cesserait d'être éternel. Il y a des punitions que la justice divine inflige dans un but de miséricorde ; mais aussi il y en a d'autres envoyées par la colère et la vengeance. Or les révolutions et les désastres de tout genre qui nous frappent depuis un siècle n'appartiendraient-ils pas à cette dernière catégorie ?

Nous lisons dans saint Matthieu : « C'est pourquoi je vous dis : tout péché et blasphème sera remis aux hommes. Mais le blasphème de l'Esprit ne sera point remis ; et quiconque dira une parole contre le Fils de l'homme recevra son pardon ; mais celui qui aura parlé

---

(1) Prophétie d'Habacuc, ch. III, v. 2.

contre le Saint-Esprit, ne recevra de rémission ni en ce siècle ni en l'autre (1). » Et dans saint Marc : « En vérité, je vous dis que tous les péchés seront remis aux enfants des hommes, ainsi que les blasphèmes qu'ils auront proférés ; mais celui qui aura blasphémé contre le Saint-Esprit, ne recevra jamais de pardon ; il s'est rendu coupable d'un délit éternel (2). »

Or qu'est-ce que le péché contre le Saint-Esprit ? C'est celui, répond la théologie, par lequel on rejette, avec mépris et malice, la grâce divine qui est spécialement attribuée au Saint-Esprit, la source de tous les biens. Et l'on pèche contre l'Esprit-Saint, quand on attaque la religion du Christ, non par ignorance, mais par méchanceté ; quand on persévère dans des habitudes criminelles malgré les avis, les menaces et les fléaux de la justice de Dieu ; quand on commet le désordre sans fin et sans mesure, et qu'on se propose en outre de n'en avoir jamais une sincère pénitence. Or, ces coupables dispositions ne sont-elles pas aujourd'hui celles de la société européenne ? Il faudrait être ou bien aveugle ou bien hardi pour le nier.

(1) Chap. XII, v. 31 et 32.
(2) Chap. III, v. 28 et 29.

Avant la terrible catastrophe du Déluge, l'on parlait aussi beaucoup de la bonté de Dieu ; l'on disait que, ayant créé, depuis peu de siècles, la race humaine, il ne voudrait pas si tôt la détruire. L'on se moquait des terreurs de Noé qui annonçait l'épouvantable inondation. « On mangeait, on buvait, l'on achetait, l'on plantait, on se mariait, » on s'abandonnait, en un mot, à tous les plaisirs d'une vie sensuelle. Dieu cependant fut juste. « Le déluge survint et emporta tout ; *venit diluvium et tulit omnes* (1). »

J'avoue que je ne puis m'empêcher de craindre que telle ne soit aussi sa justice envers nous qui l'avons si cruellement offensé ou, du moins, envers ceux qui hériteront immédiatement de nos désordres et y ajouteront les leurs. Qu'on ne nous parle pas de la profonde sécurité où vivent nos contemporains en grand nombre par rapport à l'avenir. Ne sait-on point qu'il est de mode de n'avoir aucun souci de ces prophéties menaçantes? On s'empresse, il est vrai, de toutes parts, de vaquer à ses affaires, et l'on bâtit des projets superbes, comme si la terre ne devait jamais subir de bouleversement radical. Qu'est-ce que cela prouve? Rien autre chose, à notre avis,

---

(1) Evang. selon saint Matthieu, ch. XXIV, v. 37 et suiv.

sinon que notre siècle ressemble assez bien à celui qu'engloutît la catastrophe diluvienne. Oui, répétons-le à satiété s'il le faut, il est à présumer fortement que la justice céleste ne tardera point à clore la série des châtiments qu'elle nous envoie, par un dernier et effroyable coup qui mettra fin à nos désordres.

Et ce ne sera qu'après ce rigoureux acte de sa vengeance que la justice de Dieu apaisée fera place à sa clémence, laquelle alors, répandant partout la lumière et la force, renouvellera, pour un temps, la face de la terre. Les plus belles vertus y fleuriront de toutes parts, et, de la sorte, ses habitants se prépareront à paraître aux grandes séances du jugement général qui signaleront la fin de ces années de restauration et de calme.

Voilà quelques-unes des réflexions que nous inspire l'examen d'une des deux grandes questions du moment, celle qu'on veut appeler la question italienne, mais qui réellement est celle de la société chrétienne tout entière aux prises avec l'impiété révolutionnaire. Voilà, croyons-nous, les appréciations générales qu'on en peut faire et les conclusions qu'il est permis d'en tirer.

Quant à la question d'Orient, elle n'est pas moins importante ; c'est pour la chrétienté non plus une affaire intérieure et regardant les rapports de ses membres entre eux, mais une très grave affaire du dehors à régler avec les éternels ennemis du nom chrétien, ces farouches musulmans qui, durant tant de siècles, nous ont menacés d'invasion, d'esclavage et de mort.

Nous avons dit que l'Antechrist sortirait des régions de l'Islamisme et rétablirait l'empire de l'infidélité par toute la terre. Au premier abord, la question orientale semble avertir que cela ne peut être de longtemps réalisable. Au lieu de s'agrandir, nous voyons que la société musulmane s'affaiblit tous les jours ; c'est maintenant un cadavre. Les puissances chrétiennes n'osent entreprendre le partage de ses dépouilles, par la seule crainte d'allumer entre elles une guerre générale et désastreuse.

Les horreurs qui viennent d'avoir lieu en Syrie contre les chrétiens, montrent à nu l'étrange incapacité, la faiblesse irrémédiable et la radicale corruption du gouvernement turc. Peut-être ces horribles scènes de carnage décideront-elles, dans un avenir plus ou moins rapproché, les gouvernements de l'Europe à s'entendre et à chasser des beaux pays, qu'ils souillent et ruinent, ces sauvages Osmanlis, Sarrazins, Druses et Arabes, dont la ruse et l'hypocrisie ne sont égalées que par leur haine aveugle du christianisme et leur féroce acharnement à le détruire? En tous cas, la force des choses entraîne l'empire de Mahomet à sa dissolution prochaine.

Il est donc plus que probable que la domination turque va recevoir un nouveau coup qui, l'affaiblissant considérablement encore, la conduira, pour ainsi dire, au dernier souffle de son existence.

Mais cette éventualité, que nous regardons comme imminente, loin d'infirmer la thèse par laquelle nous avons soutenu le rétablissement peu éloigné du règne de l'Islamisme, la confirme au contraire selon nous et d'après les idées que nous a fournies l'examen attentif des prophéties relatives à l'avénement de l'Antechrist.

Il est dit au chapitre treizième de l'Apocalypse : « et je vis l'une de ses têtes (de la Bête) comme blessée à mort, mais cette plaie mortelle fut guérie, et toute la terre suivit la Bête, *et vidi unum de capitibus suis quasi occisum in mortem; et plaga mortis curata est; et admirata est uni-*

versa terra post bestiam (1). » Ces paroles, dont le sens, au premier coup-d'œil, paraît si difficile, les interprètes les ont appliquées à l'empire turc ou mahométan, parce que, disent-ils, cet empire doit éprouver une grande défaite et une ruine presque totale dans le temps marqué de Dieu, au point qu'on pourra le dire comme mort et anéanti. Cette explication se trouve déjà vérifiée par l'événement. L'empire des Turcs, malade depuis longtemps, est aujourd'hui à l'agonie, de l'avis de tout le monde.

Mais l'Antechrist le relèvera; il en réparera les pertes; il en guérira les blessures mortelles, et, au moyen de ces restes tronqués et épars, il formera une monarchie qui deviendra bientôt, comme nous l'avons dit, par le secours des révolutionnaires et des Juifs, la plus vaste de toute la terre, selon cette prophétie de Daniel : « Le quatrième royaume sera plus grand que tous les royaumes, il dévorera toute la terre et la foulera aux pieds (2). » Aussi tout l'univers voyant cette puissance, venue d'une si faible origine, s'élever au-dessus de tous les peuples, « sera dans l'étonnement et l'admiration. » La plupart des hommes, ravis comme en extase à la vue de

(1) Apocalypse, ch. xiii, v. 3.
(2) Prophétie de Daniel, ch. vii, v. 23.

ce prodige, accourront auprès de la Bête pour embrasser sa doctrine et se courber sous son sceptre.

Attendons-nous donc à une dissolution de l'empire turc, cette honte de la chrétienté, non-seulement en Europe où les Turcs ne sont que campés, comme l'a dit de Bonald, mais encore en Asie d'où ils sont sortis et où le mahométisme est le plus solidement assis. Puis, au jour fixé par la Providence, jour qui ne peut avoir un long retard, cet empire se réveillera de ses ruines. Car, doué de l'activité la plus énergique, l'Antechrist ralliant autour de son drapeau tous les hommes anti-catholiques, musulmans, juifs et révolutionnaires, composera par eux une vaste et puissante domination qui sera véritablement la résurrection de l'empire essentiellement antichrétien de Mahomet, qui en effacera l'éclat et surpassera l'étendue pendant le court espace de temps marqué par les prophètes. C'est ce que nous avons déjà dit dans la première partie de cet ouvrage.

Et c'est alors que les deux grandes questions qui agitent actuellement le monde et que la politique timide des princes chrétiens tarde tant à résoudre, se réuniront en une seule, qui sera tout à la fois une immense révolution intérieure et une redoutable affaire du dehors.

Voilà donc la conséquence immanquable d'abord de cette violation effrontée de la justice et du droit des gens que l'on permet depuis trop longtemps aux meneurs révolutionnaires, et puis de ces ménagements si sottement respectueux de l'Europe pour l'indépendance de l'infâme gouvernement des sultans et des pachas. L'Islamisme ressuscité et réchauffé par l'Antechrist, donnant la main à la Révolution et s'alliant avec elle par l'intermédiaire et les soins du Judaïsme, voilà le colosse dont nous verrons bientôt probablement l'apparition. Voilà cette Bête infernale qui, embrassant l'univers, le tiendra comme étouffé dans ses bras jusqu'à ce qu'il plaise au Seigneur Jésus d'intervenir directement contre elle et de l'écraser d'un souffle de sa bouche, *interficiet spiritu oris sui*.

La scène du monde est donc à peu près complétement disposée pour le rôle de l'Antechrist. La pièce qu'on y joue maintenant n'est que la préface des actes de son règne ; et nos acteurs principaux, d'un si grand renom aujourd'hui, ne tarderont point à céder la place à d'autres qui seront incomparablement plus habiles et plus forts pour préparer, agrandir et consolider la domination de leur sultan magnifique.

CHAPITRE IV

Conclusions relatives au clergé catholique.

Quelle conduite et quel langage nous faudra-t-il tenir en ces temps si difficiles, en ce passage si glissant sur lequel nous roulons vers les derniers malheurs, pour arriver ensuite aux jours de bonheur et de gloire. Quelle doit être l'action du clergé catholique en France, en Italie, en Espagne, en Allemagne et partout ailleurs ? Comment doivent agir et parler les laïques chrétiens qui se donnent pour les inébranlables serviteurs de Jésus-Christ et veulent contribuer, de toutes leurs forces, à l'avancement de son règne sur la terre ?

Il ne me siérait pas de faire la leçon aux prêtres et encore moins aux évêques par rapport aux événements actuels et en prévision de ceux qui se préparent ; ils sont les docteurs du monde et nos pères dans la foi. C'est à eux qu'il appartient de nous éclairer et guider parmi les écueils que nous sommes obligés de parcourir. Or, ils ont élevé la voix et l'ont unie à celle de notre saint père le Pape, leur chef infaillible. Sous sa direction et par son ordre, ils nous ont fait savoir ce qu'il faut penser et dire des actes impies que nous avons eus et que nous aurons encore sous les yeux. « Leur parole a retenti par tout le globe et elle a trouvé un écho dans les cœurs droits et sincères ; *in omnem terram exivit sonus eorum et in fines orbis terræ verba eorum* (1). » C'est à nous de l'étudier ; nous y trouverons les maximes et les enseignements que le clergé doit mettre en pratique, et moi tout le premier, en ces circonstances vraiment périlleuses, dont avait parlé le grand Apôtre, *instabunt tempora periculosa* (1).

Que voyons-nous, en premier lieu, dans les encycliques du Saint-Père et dans les lettres pastorales des évêques ? Il convient, il est nécessaire que le prêtre, de nos jours, fasse comme ces Israélites qui rebâtissaient les murailles de Jérusalem, sous la conduite du pieux Esdras ; qu'il s'arme tour à tour de l'épée et de la parole, du zèle et de la patience, de l'action et de la prière ; qu'il intervienne enfin activement dans les affaires

(1) IIe Épître à Timothée, ch. III, v. 1.

civiles et politiques qui sont aujourd'hui si fortement mêlées aux affaires religieuses.

Mais cette intervention doit être prudente, pour qu'elle soit utile et efficace. Le souverain Pontife, sa personne, son autorité spirituelle, son pouvoir temporel se trouvent en cause ; on en fait de toutes parts le but des plus violentes attaques. Conviendrait-il à un prêtre de se renfermer dans l'inertie de la crainte ou l'isolement de l'indifférence ? de rester inactif et insensible aux douleurs et aux périls de son chef et de son père qui est le chef et le père de la chrétienté ? Ne serait-ce pas une lâcheté honteuse, une misérable trahison ?

Il doit donc embrasser hardiment, chaudement, énergiquement la défense du Pape qui est celle de la religion, de l'ordre, de la société ; et pour cela il faut non-seulement qu'il prie pour lui, pour sa conservation et son triomphe, comme l'ont ordonné les évêques, mais en outre qu'il lui prête main-forte par une généreuse participation à l'œuvre du *Denier de saint Pierre*.

En second lieu, il faut que le prêtre, par ses discours et ses actes, porte les populations chrétiennes vers cette assistance active et pacifique tout à la fois envers le Saint-Père. Ces populations, en grande partie, ont été trompées au sujet du vicaire de Jésus-Christ; voilà pourquoi, en beaucoup de lieux, en France et ailleurs, elles ont montré de prime abord peu d'inquiétude sur son sort et peu d'empressement pour accourir à son aide. La bourgeoisie, en général, n'est pas religieuse, comme nous l'avons déjà constaté; elle est en outre médiocrement instruite sur les grandes questions qui intéressent l'avenir de la société; elle a l'esprit infecté de voltairianisme et le cœur avide de jouissances matérielles; elle se trouve donc, en majorité, malheureusement dévoyée et corrompue. Après cela, faut-il s'étonner que, se laissant guider par des journaux irréligieux ou vendus au pouvoir révolutionnaire, elle se soit mise si promptement du côté des ennemis de la Papauté; que, par aversion de ce qui est clérical, elle ait embrassé, avec une certaine exaltation, ou du moins soutenu trop aveuglément de ses sympathies, et quelquefois même de sa bourse, la guerre déloyale et acharnée faite au catholicisme et à son chef?

Et comme naturellement chacun ici-bas travaille à la propagation et au triomphe de ses idées, cette bourgeoisie, ayant dénaturé auprès des peuples la grande cause du Saint-Père, les a malheureusement, en beaucoup de pays, induits en erreur et entraînés dans sa fausse route.

C'est donc un devoir pour les prêtres, surtout pour ceux qui exercent le saint ministère dans les paroisses, de chercher, par tout bon moyen et à tout propos, à faire comprendre l'importance de la question romaine, l'origine divine du pouvoir spirituel du souverain Pontife, la nécessité pour l'exercice de ce pouvoir d'une indépendance temporelle, la liaison intime de la conservation de cette principauté terrestre avec la prospérité de la religion, le libre gouvernement de l'Eglise et le maintien du véritable ordre social. La Papauté, en effet, c'est la clef de voûte de la société chrétienne ; si elle vient à être ébranlée ou arrachée, l'édifice tout entier croulera, et la Révolution, triomphante, entassera partout des ruines.

En troisième lieu, le prêtre, afin de ne pas se décourager, mais de persévérer dans la lutte pour cette sainte cause de la vérité et de l'ordre contre l'erreur et le désordre, doit se tenir inébranlable sur la terre ferme des vrais principes religieux et sociaux ; il fermera donc l'oreille à la voix emmiellée de ces docteurs de mensonge qui nous crient à tue-tête : qu'ils ne veulent que le bien des âmes, l'indépendance plus grande de la papauté, le progrès des idées religieuses en les épurant de tout alliage mondain, une facilité nouvelle pour le Pape de gouverner les intérêts spirituels du monde catholique, en le délivrant du souci des intérêts politiques et matériels d'un royaume temporel.

Disons, à notre grande douleur, que quelques membres du clergé n'ont pas été sourds à ces affirmations hypocrites et ont cru trop naïvement que leurs auteurs n'avaient en vue réellement que la pure gloire de Dieu. Qu'ils cessent donc d'être plus longtemps les dupes de ces menteurs doucereux, dont le cœur est rempli d'une haine forcenée contre le sacerdoce catholique, et qui veulent faire accroire à l'univers que, en persécutant le véritable chef et le Pontife suprême de la chrétienté, « ils rendent obéissance et service au Seigneur, » comme l'avait prédit d'eux le divin Maître dans son Evangile. *Arbitretur obsequium se præstare Deo* (1).

Ce très-petit nombre d'ecclésiastiques dont nous parlons doit donc, à la suite de nos évêques et avec l'immense majorité, pour ne pas dire l'universalité de leurs confrères, « combattre

---

(1) Evang. selon saint Jean, ch. XVI, v. 2.

courageusement le bon combat » sur le terrain du bon droit et du bon ordre, de la vraie doctrine et de la stricte équité. Certes, l'on sait bien que quelques-uns d'eux ont montré de la faiblesse uniquement par complaisance envers le pouvoir ou l'opulence. Des familles placées aux honneurs, des hommes influents dans les affaires gouvernementales, ont agi sur eux ; et ces natures timides se sont laissé, sinon ébranler, du moins réduire à l'inertie et au silence. Mais à la vue de ce qui se passe maintenant, au spectacle des tristes résultats d'une politique de ménagement envers la Révolution, ils sont rentrés en eux-mêmes; ils ont commencé à secouer la chaîne trop lourde imposée à leur esprit et à leur cœur par le respect humain des puissances terrestres. Désormais ils fouleront généreusement aux pieds les considérations exclusivement humaines, et ils anathématiseront, comme il est juste, les œuvres de ténèbres par lesquelles les suppôts de l'enfer agitent le monde et le conduisent dans un abîme de maux épouvantables. Leur retour à la fermeté sacerdotale consolera l'Eglise et l'aidera aussi à lutter contre cette universelle et fatale séduction, qui se préparera devant les âmes élues à l'approche des plus mauvais jours de l'Humanité. Et ainsi en se sauvant eux-mêmes, ils procureront, à un grand nombre de leurs frères, le salut éternel : ce qui est, pour tous les enfants de Dieu, la seule chose désirable.

Il va sans dire que nos réflexions sur la question italienne ou sur la Révolution, cet empire *intérieur* anti-chrétien, doivent s'appliquer aussi, et à plus forte raison, à la question orientale, à l'Islamisme, cet empire *extérieur* anti-chrétien. Dans celle-ci comme dans celle-là, il y a obligation rigoureuse pour tous les prêtres de s'unir au chef de l'Eglise et de n'avoir avec lui et entre eux qu'un seul sentiment et une seule pensée, « qu'un cœur et qu'une âme, » à l'exemple des premiers fidèles qui étaient pleins de ferveur sous la direction des apôtres et de saint Pierre, leur chef.

CHAPITRE V

Conclusions relatives aux laïques chrétiens.

Quant aux laïques chrétiens qui me liront, pour ces âmes privilégiées et bénies qui aiment

Dieu de tout leur cœur et le servent fidèlement au milieu des tentations du siècle, mes avis, aussi bien que mes conseils, seront brefs et précis.

Premièrement, s'ils ont résolu d'appartenir jusqu'à la fin à Dieu et à son Eglise, ils doivent nécessairement, à l'exemple de tout bon prêtre, se rallier autour du saint Père et des évêques, écouter leur voix et s'en tenir dans la pratique à leurs décisions. « Celui qui n'écoute pas l'Eglise, il faut le regarder comme un païen et un publicain ; *si ecclesiam non audierit, sit tibi sicut ethnicus et publicanus* (1), a dit Notre-Seigneur. Vouloir être catholique et en même temps ne faire aucun cas, n'avoir aucun souci des enseignements de l'Eglise, représentée par le corps des pasteurs soumis à leur chef, c'est une prétention hypocrite et absurde.

Qu'on n'allègue point que l'on veut bien respecter et suivre les décisions de l'Eglise relatives aux questions d'un ordre spirituel, dogmatique et moral ; mais que l'on entend réserver sa pleine liberté relativement aux questions ayant trait à la politique, au gouvernement des provinces et des royaumes, aux révolutions des peuples, aux

---

(1) Evang. selon saint Matthieu, ch. XVIII, v. 17.

changements de dynasties, aux annexions de pays soulevés et révoltés, aux entreprises de guerres et de conquêtes et même aux spoliations du domaine temporel de saint Pierre.

Cette allégation n'a point de fondement. Elle est indigne d'un véritable chrétien. Est-ce que le vrai catholique n'est obligé d'écouter la voix de l'Eglise que dans la spéculation et la théorie et nullement dans l'action et la pratique ? Est-ce que le dogme et la morale ne sont pas mêlés, impliqués, enchaînés à la politique, au gouvernement des Etats, aux éventualités de révolte, d'anarchie, de chute des trônes, de guerre, de spoliation et de conquête ? Ne sont-ce pas là, au contraire, les événements les plus importants de la vie de l'homme et sur lesquels il a un plus grand besoin d'être éclairé, guidé, encouragé par la plus sage et la plus auguste autorité qui soit dans le monde ? Est-ce qu'alors l'Eglise a perdu le droit et décliné le devoir de dire à ses enfants quelles sont les choses « qui appartiennent à César et celles qui appartiennent à Dieu ; » quels sont les désirs, les paroles, les actes opposés à la loi de Dieu, et quels sont, au contraire, les désirs, les paroles et les actes que cette même loi autorise et ordonne ?

Le corps humain est chose terrestre. Est-ce que la loi divine, dont l'Eglise a le dépôt, ne regarde point le corps et ne fait point de préceptes pour sa conservation, sa pureté, sa tempérance? Les biens matériels, comme les maisons et les champs, sont aussi choses parfaitement terrestres. Or, n'y a-t-il pas, dans le Décalogue et dans l'Evangile, des dispositions formelles touchant ces biens, pour en empêcher le vol et en régler la possession? Et l'Eglise, cette incorruptible gardienne du droit et de la justice, ne peut-elle, ne doit-elle point veiller à l'observation de ces commandements divins, en louer et récompenser les observateurs, en censurer et punir les transgresseurs?

Mais ces devoirs et ces droits, lorsqu'ils sont transportés des individus aux nations, changent-ils de nature, pour que l'Eglise cesse d'avoir l'obligation de s'en mêler et qu'elle fasse un acte d'ingérence inopportune ou d'injuste empiétement, quand elle croit devoir y mettre l'œil et la main, quand elle déclare ce qui est bien et permis, comme ce qui est mal et défendu; quand elle ordonne à ses enfants, sous peine d'encourir ses censures, de s'abstenir de ce qu'elle proclame illicite et mauvais? Pas le moins du monde, dira certainement tout esprit droit et libre de préjugés. Au contraire, c'est dans ces circonstances solennelles que l'Eglise doit élever plus fortement la voix pour indiquer aux peuples le chemin de la vérité, parce que c'est alors qu'il importe le plus que la justice et le droit soient connus et pratiqués, c'est alors que leur connaissance et leur pratique favorisent le plus la prospérité des peuples, et que leur oubli et leur violement entraînent pour eux de plus graves conséquences.

En second lieu, nous croyons à propos de recommander aux laïques chrétiens une grande prudence, en même temps qu'une juste indépendance vis-à-vis le pouvoir politique. Le gouvernement de leur pays peut contrarier leurs vues, se lancer dans une voie déraisonnable et funeste. Mais il ne leur est pas permis de se révolter contre lui. Des observations respectueuses, des réflexions libres, mais sages et discrètes, une résistance inébranlable à des demandes clairement et notoirement injustes, voilà tout ce qu'ils peuvent faire convenablement et utilement.

Et pourquoi leur conseillons-nous une pareille conduite ? Parce que, en agissant autrement, ils feraient à leur insu les affaires de la Révolution ; ils mineraient l'autorité, ils contribueraient à en relâcher le nerf et seraient eux-mêmes des révolutionnaires sans le vouloir. L'autorité légitime, c'est ce qu'il faut sauvegarder avant tout. C'est ce dont le monde a le plus pressant besoin aujourd'hui. Lorsqu'elle est avilie, qu'elle se retire devant l'anarchie et que le gouvernement descend dans la rue, alors, comme l'expérience le prouve, une violente réaction s'opère bientôt ; le pouvoir suprême est saisi par le premier venu et devient ensuite, entre ses mains, l'instrument du plus fâcheux despotisme.

Nous prévoyons sans peine que la Révolution fera des progrès plus grands encore. Mais, arrivée à son dernier terme, elle sera remplacée par une épouvantable tyrannie ; et cette réaction sera d'autant plus violente qu'elle suivra l'anarchie la plus insensée ; elle aboutira en fin de compte au plus vaste, au plus savant et au plus cruel système d'oppression qui ait pesé sur la terre (1).

Or donc, les laïques chrétiens, en combattant et dénigrant l'autorité légitime, comme aussi en s'abaissant devant elle jusqu'à lui sacrifier les droits de Dieu et de leur conscience, favori-

---

(1) Voyez la note 11, à la fin du volume.

seraient par là même et propageraient les idées et les actes révolutionnaires. Ils hâteraient donc l'arrivée du règne réactionnaire de l'abominable « Fils de la perdition » et lui aplaniraient les voies. Mais cela siérait-il à des chrétiens ? leur conviendrait-il de procurer ou même de faciliter la domination autocratique du plus furieux ennemi de Jésus-Christ et de son Eglise ?

Encore une fois, ils doivent, sans bassesse et sans faiblesse, obéir à leur gouvernement en toute chose raisonnable et juste; mais quand le commandement se trouve évidemment entaché d'injustice, lui résister avec une courageuse persévérance, tout en gémissant devant Dieu et en remplissant leurs autres devoirs dans la résignation et la patience.

Troisièmement, il leur faudra, aussi bien qu'au prêtre, veiller, lutter et prier. Veiller d'abord ; Notre-Seigneur, avant de commencer l'œuvre de sa passion, durant laquelle la foi de ses apôtres devait essuyer de si rudes assauts, leur recommandait avec instance d'être vigilants et attentifs, afin de ne pas tomber en la tentation pendant les heures de ténèbres qui approchaient : *Vigilate et orate ut non intretis in tentationem* (1).

(1) Evang. selon saint Matthieu, ch. XXVI, v. 41

La vigilance est absolument nécessaire aux âmes en ces temps de révolutions, d'illusions, de séductions et de corruptions. Une âme qui ne prendrait point garde à elle-même chaque jour, laissera certainement entrer l'ennemi qui rôde autour de son cœur, c'est-à-dire le venin subtil de l'erreur et du mensonge circulant aujourd'hui de toutes parts, dans les salons et sur les places publiques, dans les discours d'apparat comme dans les entretiens familliers, dans les journaux et dans les mauvais livres qui pullulent jusqu'aux campagnes les plus reculées. Le mal est dans l'air, et on le respire avec l'air.

Quand, au milieu d'une nuit sombre, le voyageur suit un étroit sentier placé au bord de profonds précipices, quelle est sa préoccupation et que fait-il? Il examine attentivement sa voie, il ne pose point le pied à la légère, il se garde bien de regarder inconsidérément de côté ou d'autre; et, s'il entend du bruit, des paroles humaines ou des cris d'oiseau, il n'y prête jamais trop l'oreille pour oublier le danger de sa route et la perdre un instant de vue. Tout le monde admire la sagesse de ce voyageur; et par sa vigilance, il arrive heureusement au terme de sa course périlleuse. Eh bien! les âmes chrétiennes qui vivent dans le monde doivent l'imiter aujourd'hui plus que jamais. Comme lui, elles marchent sur un chemin plein d'écueils et qui va très-probablement aboutir au plus profond des abîmes. Qu'elles veillent et prient!

Voyez les chefs d'une armée en campagne! Quand ils pénètrent sur le sol ennemi, leurs précautions sont multipliées et savantes. Il y a des avant-gardes, des grand'gardes et des arrière-gardes. On pose des sentinelles de tous côtés, qui doivent veiller le jour et la nuit. On ne s'avance que pas à pas, pour ainsi dire, en sondant le terrain et après avoir fait plusieurs reconnaissances. Et tout cela, c'est afin de n'être pas surpris par l'ennemi, de ne point tomber dans ses embuscades et de ne subir aucune défaite.

Les catholiques, aujourd'hui, ressemblent à une armée qui campe en un pays ennemi. Ils sont entourés de piéges tendus par l'erreur, l'orgueil et l'impiété. Il faut donc qu'ils pourvoient à leur sûreté ; qu'ils prennent garde, selon le commandement du divin Maître, à ces faux prophètes qui cherchent à les séduire, en se revêtant des peaux de brebis, tandis qu'au-dedans ce sont des loups ravisseurs (1). » Il leur sera facile de les reconnaître. « Qu'ils examinent seulement leurs fruits. » Que disent-ils et que font-ils ? On les voit et on les entend dans la Turquie et dans l'Italie. Mauvais arbres, ils ne peuvent produire que de mauvais fruits. L'anarchie, le désordre, la corruption, le pillage, l'assassinat ! Voilà les œuvres de ces hommes pervers qui osent s'ériger en réformateurs de l'humanité. Le despotisme, la domination universelle, le renversement de tous les principes religieux et sociaux, l'anéantissement du culte de Dieu, l'intronisation et l'adoration par toute la terre du plus abominable des tyrans, voilà les conséquences infaillibles et prochaines de leurs discours et de leurs actes.

La vigilance doit être accompagnée de lutte et de combat. Le mal est agressif de sa nature ; c'est une gangrène qui envahit sans cesse les membres de l'humanité déchue, et ce mal a pris de nos jours des proportions énormes. Il fait à chaque heure des progrès effrayants. Il suffit d'ouvrir les yeux pour voir qu'il tend à corrompre les âmes les plus pures et les plus

---

(1) Evang. selon saint Matthieu, ch. vii, v. 15 et suiv.

dévouées à Jésus-Christ. Il faut donc se prémunir contre ses atteintes, « lui résister fortement, avec les armes de la foi, » nous dit saint Pierre (1). Un cœur pusillanime et trop ami du repos et de la paix, sera nécessairement vaincu. Pourquoi craindre de nous montrer au monde ? Pourquoi n'avoir point le courage de nos principes et de nos opinions, de notre croyance et de nos actes ?

Les laïques catholiques qui voudraient rester neutres et assister en simples spectateurs à la grande lutte qui commence, seraient des lâches et des parjures. Non-seulement ils auraient la honte d'être vaincus par les ennemis de Dieu et de l'Eglise et de se laisser corrompre par le poison de leurs doctrines, mais de plus, entraînés par le torrent du mal, saisis par ce mouvement vertigineux et accéléré qui s'acquièrent toujours lorsque l'on glisse sur la pente d'un précipice, ils deviendraient bientôt comme malgré eux les auxiliaires de ceux-là même qu'ils traitent actuellement d'ennemis et d'impies. Ils se trouveraient, sans presque s'en apercevoir, enrôlés sous le drapeau du « prince de ce siècle, » et ils finiraient par combattre à son

---

(1) Ire Epître de saint Pierre, chap. v, verset 9.

ombre contre Dieu et ses fidèles serviteurs. Qu'ils prennent donc la résolution de ne jamais abandonner seuls au combat le Saint-Père, les évêques et leurs prêtres ; qu'ils s'unissent à eux, qu'ils les appuient de leurs sympathies et de leur coopération journalière, qu'ils reçoivent d'eux, pour ainsi dire, le mot d'ordre, et combattent à leurs côtés avec une énergique persévérance. Il y va du salut de leurs âmes. Voudraient-ils être du nombre de ces dupes, flétries si longtemps à l'avance par l'Evangile, quand, annonçant le malheur des derniers jours, il dit : « La tribulation et la séduction seront si universelles et si fortes, que les élus eux-mêmes seraient séduits, s'il était possible (1). » Voudraient-ils s'associer aux ennemis implacables du clergé, l'accabler de calomnies et d'outrages, contribuer à sa destruction et faire, de la sorte, le plus cher ouvrage de l'Antechrist ?

A la vigilance et à la lutte, le chrétien, dans les circonstances actuelles, doit joindre la prière. Notre-Seigneur recommandait fréquemment à ses disciples l'exercice de la prière ; d'une manière générale d'abord, leur disant : « Il faut prier toujours et ne jamais cesser, *oportet semper*

---

(1) Evang. selon saint Marc, ch. XIII, v, 19 et suiv.

orare et nunquàm deficere. » Il leur montrait ensuite l'utilité de la prière pour obtenir quoi que ce soit de la bonté divine : « Si vous demandez quelque chose à mon Père en mon nom, il vous le donnera ; demandez et vous recevrez, *si quid petieritis Patrem in nomine meo, dabit vobis; petite et accipietis.* » Selon lui, la prière était nécessaire pour mettre en fuite les démons : « Ce genre de démons n'est chassé que par le jeûne et la prière, *hoc genus dæmoniorum non ejicitur nisi in jejunio et oratione ;* » pour éviter les maux et les périls de la vie présente : « Veillez et priez en tout temps, afin que vous deveniez dignes d'être préservés de ces désastres, *vigilate itaque omni tempore orantes ut digni habeamini fugere ista omnia quæ futura sunt;* » pour vaincre les tentations : « Veillez et priez, afin que vous n'entriez point en la tentation. » Avec la prière, on peut opérer des miracles : « Tout ce que vous demanderez dans la prière avec foi, vous le recevrez, *omnia quæcumque petieritis in oratione credentes accipietis* (1). »

La prière est le moyen, *medium*, qui doit précéder, accompagner et suivre tous les actes et toutes les démarches d'un vrai chrétien. Elle

(1) Çà et là dans l'Evangile.

sert de préparation à notre travail, elle nous obtient le courage pendant que nous le faisons, et elle devient un doux repos, après l'avoir terminé.

Jésus, le Fils de Dieu, bien que tout puissant et en continuelle jouissance de la vision béatifique, a voulu cependant nous donner l'exemple de la prière. « Il passait les nuits à prier, » nous dit l'Evangile, et à l'heure de son agonie, prolongeant son ardente oraison, il voulut paraître en recevoir un surcroît de force pour braver et vaincre les horreurs et les tourments de sa passion.

Tout chrétien a contracté l'obligation de pratiquer les maximes et les préceptes, les conseils et les exemples du divin Maître. Tout chrétien doit donc prier, surtout en ces temps-ci ; car les démons déchaînés poussent évidemment leurs suppôts au bouleversement de toutes choses. Nous sommes menacés des plus grands maux ; nous allons être exposés aux plus graves périls ; les tentations les plus furieuses vont bientôt fondre sur les âmes pour les « cribler comme le froment. » Et la prière est l'arme nécessaire pour résister aux esprits de ténèbres ; c'est l'abri contre les fléaux et les tempêtes, c'est la forteresse d'où l'on résiste aux plus rudes assauts.

Prions donc assidûment le Seigneur en ces jours d'épreuve, et prions-le par l'intercession de la sainte Vierge et des saints. Demandons-lui ses miséricordieuses bénédictions sur son peuple, sur nos familles, sur nos corps et nos âmes. Supplions-le pour l'exaltation de l'Eglise catholique, notre mère, et pour le triomphe de notre saint Père le pape, son chef. Conjurons-le de nous accorder la paix et la concorde entre les princes chrétiens, la conversion de tant de pécheurs misérablement dévoyés et perdus dans la nuit de l'ignorance et de l'erreur, la persévérance de tant d'âmes justes qui ont à lutter contre les flots de la barbarie et de la corruption, montant chaque jour autour d'elles et prêts à les engloutir. Prions, en un mot, pour l'abrégement et la délivrance des nécessités spirituelles et temporelles auxquelles nous et nos frères sommes déjà en proie et qui ne sont malheureusement, répétons-nous une dernière fois, que le prélude et l'annonce d'une infinité d'autres incomparablement plus grandes, à l'approche des tristes et funestes jours de l'Antechrist (1). Prions Notre-Seigneur de hâter la sainte journée

(1) Voyez la note 12, à la fin du volume.

de son avénement, en laquelle il doit punir tous ceux qui le haïssent et récompenser tous ceux qui l'aiment. Prions-le à tout moment et avec la plus vive instance qu'il vienne enfin asseoir son règne et faire sa volonté par toute la terre, comme il est assis et comme elle est faite dans le ciel. *Adveniat regnum tuum, fiat voluntas tua, sicut in cœlo et in terra* (1). *Veni, Domine Jesu* (2). »

(1) Evang. selon saint Matthieu, ch. vi, v. 10.
(2) Apocalypse, ch. xxii, v. 20.

FIN

NOTES.

NOTE I, page 11.

Il serait très-difficile d'énumérer exactement les nombreux auteurs qui ont parlé de l'Antechrist. Nous citerons seulement, parmi les Pères, saint Irénée, saint Hippolyte, Lactance, saint Jérôme, saint Augustin, saint Cyrille de Jérusalem, saint Ephrem, saint Grégoire de Tours, saint Grégoire le Grand, Raban Maur, saint Thomas, et, parmi les commentateurs ou théologiens, Vincent de Beauvais, Lyranus, Tirinus, Estius, Gagnée, Dens, Lachétardie, Holzhauser, Cornélius a Lapide, Menochius, Bossuet.

Mais celui qui a écrit le plus au long et pour ainsi dire le plus expressément de l'Antechrist, c'est, sans contredit, le dominicain espagnol, Thomas Malvenda. Ce religieux professa dans son ordre avec beaucoup de succès la philosophie et la théologie. Appelé à Rome par son supérieur général, il fut d'un grand secours au célèbre cardinal Baronius, pour la composition de son *Martyrologe*. Après s'être acquitté avec beaucoup de zèle et de discernement des œuvres savantes qui lui furent confiées, il mourut à Valence à l'âge de soixante-deux ans, en 1628.

Son ouvrage *De Antichristo* fit beaucoup de bruit en son temps. Il est, en effet, très-remarquable malgré ses défauts, dont le principal est d'être diffus et chargé de mille détails. On y parle incidemment d'à peu près toutes choses, ce que le lecteur comprendra aisément quand nous lui dirons qu'il forme un gros volume in-folio.

Ce long et curieux travail est divisé en treize Livres. Après avoir exposé dans le premier les opinions des Pères touchant l'Antechrist, l'auteur examine dans le second le temps de sa venue ; dans le troisième, il disserte sur son origine et sa nation ; ses caractères font l'objet du quatrième et du cinquième ; dans le sixième, il est parlé de son règne et de ses guerres ; dans le septième, de ses vices et de ses crimes ; dans le huitième, de sa doctrine et de ses prodiges ; dans le neuvième, de ses persécutions. Les quatre derniers Livres traitent de la venue d'Hénoch et d'Elie, de la conversion des Juifs, de la mort de l'Antechrist et du triomphe final de Jésus-Christ et de l'Eglise.

En somme, c'est un ouvrage réellement précieux ; il suppose en son auteur une érudition immense, et il est encore aujourd'hui estimé des savants.

NOTE II, p. 15.

Plusieurs Pères, parmi lesquels Origène et Tertullien, ont affirmé que l'Antechrist serait un démon incarné, et l'on reconnaît généralement qu'en cela il n'y a rien d'impossible, absolument parlant.

D'autres auteurs ont dit que l'Antechrist aurait pour mère une femme adultère, et que le démon se mettrait en possession de lui immédiatement après sa naissance.

Quelques-uns enfin ont prétendu *eum nasciturum ex muliere corruptissimâ et Dœmòne incubo*, comme cela est arrivé, disent-ils, pour plusieurs personnages fameux dans l'antiquité, tels que Rémus et Romulus, Servus Tullius, Platon, Alexandre le Grand, Séleucus, le premier Scipion l'Africain, César-Auguste, etc.

Mais l'opinion communément admise est celle de saint Grégoire et de saint Anselme, opinion que soutient Malvenda, qu'a développée le vénérable Holzhauzer, et que nous avons nous-même exposée, à savoir, que l'Antechrist viendrait au monde par les voies ordinaires et qu'il y aurait en lui un mélange du sang turc et du sang israélite.

Relativement au lieu de sa naissance, même diversité de sentiments. Les uns croient que ce sera la ville de Dan, à l'extrême limite de la Terre-Sainte; d'autres Babylone, non pas la Babylonne assyrienne, égyptienne ou romaine, mais la Babylone mystique, c'est-à-dire la ville la plus puissante et en même temps la plus antichrétienne et la plus corrompue des derniers siècles.

Nous avons adopté le parti le plus raisonnable, c'est de n'indiquer aucun lieu précis, puisque nous n'en trouvons aucun qui soit désigné dans les Ecritures, et de penser aussi que cet homme extraordinaire se manifestera d'abord dans les régions qui sont à l'Orient, par rapport au centre du catholicisme, c'est-à-dire la Palestine, l'Arabie et l'Egypte.

On a cru devoir encore rechercher quelle pourrait être son éducation. Quelques auteurs ont dit qu'il serait nourri et élevé ou à Corozaïn, ou à Capharnaüm, ou dans toute autre ville ou bourgade de la Judée. L'intention de l'Antechrist, en cela, serait d'imiter Notre-Seigneur Jésus-Christ, qui demeura de longues années à Nazareth et dans la Galilée, et par conséquent de s'appliquer les antiques prophéties qui ont à l'avance célébré les lieux sanctifiés par l'enfance de l'homme-Dieu; ce qui lui servirait merveilleusement à séduire les Juifs des derniers temps.

D'autres commentateurs, avec plus de vraisemblance, ont prétendu que « le Fils de perdition » se formerait silencieusement et secrètement sous les yeux de ses parents, et qu'il affecterait de demeurer durant toute son adolescence totalement inconnu au monde, et cela encore afin d'avoir un trait de ressemblance de plus avec Notre-Seigneur, dont la vie fut cachée jusqu'à l'âge de trente ans.

L'on a osé dire encore qu'il aura pour précepteur un démon familier, et que cet esprit mauvais l'initiera aux secrets des sciences les plus relevées.

Quant au pays où l'Antechrist jettera les premiers fondements de son empire et où se feront entendre les premiers bruits de ses exploits, quelques interprètes ont nommé l'Italie. Ils se fondaient sur ce passage de la prophétie de Balaam, au chapitre vingt-quatrième du Livre des Nombres, où le *Voyant*, après avoir annoncé les malheurs de la terre de Chanaan et s'être demandé avec douleur : « Hélas ! qui se trouvera en vie lorsque Dieu fera toutes ces choses, » se fait à lui-même cette réponse : « Ils viendront d'Italie dans des vaisseaux, ils vaincront les Assyriens, ils ruineront les Hébreux, et, à la fin, ils périront eux-mêmes. *Venient in trieribus de Italià, superabunt Assyrios, vastabunt que Hebrœos et ad extremum ipsi peribunt.*

Selon les commentateurs, le prophète prédit ici évidemment la grande puissance des Romains, quoique la fondation de Rome ne dût avoir lieu que quatre ou cinq cents ans plus tard, sous le règne d'Achaz, roi de Juda ; que ces fiers Romains subjugueraient les Assyriens et autres peuples d'Asie, ce qui arriva en effet sous Pompée et César-Auguste ; qu'ils détruiraient et disperseraient dans le monde les Hébreux, vainqueurs des peuples chananéens sous Josué d'abord, et puis sous David ; destruction et dispersion qui eurent lieu par les armes de Vespasien et de Titus, son fils ; qu'enfin la domination gigantesque des Romains périrait elle-même, une première fois et en partie, comme l'histoire nous l'apprend, sous les coups d'Alaric et de Genséric, rois des Goths ; une seconde fois, et radicalement, à l'époque de ces dix rois, prédits par Daniel et saint Jean, dont l'Antechrist doit subjuguer les uns et faire mourir les autres.

Nous n'avons pas dû rapporter et admettre toutes ces conjectures, qui ne reposent sur aucun fondement solide.

NOTE III, p. 51.

Rien de plus curieux que le récit de la célèbre entrevue de M. de Metternich avec Napoléon, le 28 juin 1813, tel que nous le trouvons dans le livre XLIX de l'*Histoire du Consulat et de l'Empire*, par M. A. Thiers.

Napoléon se plaignit d'abord amèrement contre l'Autriche et jeta même un défi outrageant à son ambassadeur. Le prince lui répondit avec calme et modération, en se fondant sur le besoin général de la paix, des conditions de laquelle il fit un exposé fort adouci. Alors, emportement extrême de l'Empereur, que M. de Metternich s'efforça de calmer.

Napoléon fait alors l'aveu de son orgueil, en disant qu'il y a nécessité pour lui de rester grand, glorieux, admiré. Mais le prince, reprenant la parole, allègue de nouveau le besoin de repos, senti partout, et particulièrement en France. Nous citons textuellement l'historien.

« Mais, Sire, cette brave nation (française), dont tout le monde admire le courage, a elle-même besoin de repos. Je viens de traverser vos régiments ; vos soldats sont des enfants. Vous avez fait des levées anticipées et appelé une génération à peine formée ; cette génération une fois détruite par la guerre actuelle, anticiperez-vous de nouveau ? en appellerez-vous une plus jeune encore ? « Ces paroles, qui touchaient au reproche le plus souvent reproduit par les ennemis de Napoléon, le piquèrent au vif. Il pâlit de colère, son visage se décomposa, et n'étant plus maître de lui, il jeta ou laissa tomber à terre son chapeau, que M. de Metternich ne ramassa point, et allant à celui-ci, il lui dit : « Vous n'êtes pas militaire, monsieur ; vous n'avez pas, comme moi, l'âme d'un soldat, vous n'avez pas vécu dans les camps, vous n'avez pas appris à mépriser la vie d'autrui et la vôtre, quand il le faut... Que me font, à moi, deux cent mille hommes !... » Ces paroles, dont nous ne reproduisons pas la familiarité soldatesque, émurent profondément M. de Metternich. « Ouvrons, s'écria le ministre autrichien, ouvrons, sire, les portes et les fenêtres, que l'Europe entière vous entende, et la cause que je viens défendre auprès de vous n'y perdra point ! » Redevenu un peu plus maître de lui-même, Napoléon dit à M. de Metternich, avec un sourire ironique : « Après tout, les Français, dont vous défendez ici le sang, n'ont pas tant à se plaindre de moi. J'ai perdu, cela est vrai, deux cent mille hommes en Russie ; il y avait dans le nombre cent mille soldats français des meilleurs ; ceux-là, je les regrette..., oui, je les regrette vivement.... Quant aux autres, c'étaient des Italiens, des Polonais et principalement des Allemands.... » A ces paroles, Napoléon ajouta un geste qui signifiait que cette dernière perte le touchait peu, etc.

NOTE IV, p. 55.

On a très-justement appliqué à l'Antechrist ce qu'un saint docteur avait dit de l'enfance de Caligula et de Julien l'Apostat : qu'elle était un mélange de boue et de sang, *lutum sanguine maceratum*. Pareillement à ces deux tyrans, les mauvais instincts de l'Antechrist s'accroîtront et se fortifieront par l'âge, et bientôt son âme deviendra le réceptacle de tous les vices.

Quelques auteurs se sont arrêtés à les énumérer, en se fondant sur les textes sacrés qui ont annoncé sa venue et son règne. C'est l'hypocrisie, la dissimulation, d'après ce verset du trente-quatrième chapitre du Livre de Job, que saint Grégoire le Grand applique à l'Antechrist: « C'est lui (Dieu) qui fait régner l'homme hypocrite, à cause des péchés du peuple ; *qui regnare facit hominem hypocritam propter peccata populi.* » C'est la fourberie, l'astuce, d'après la prophétie de Jacob sur les destinées de la race de Dan. C'est l'impudence, l'audace, la témérité, d'après le vingt-quatrième verset du huitième chapitre de Daniel. C'est la magie, l'exercice des pratiques les plus diaboliques, d'après le vingt-troisième verset du même chapitre. C'est l'avarice, la rapacité, la fureur d'amasser, d'après les versets vingt-quatrième, vingt-huitième et trente-huitième du onzième chapitre de Daniel, vices qui lui feront accaparer les mines d'or et d'argent, piller les temples, les tombeaux, les maisons des riches particuliers. C'est l'orgueil, la vanité, l'ostentation qu'il manifestera par la somptuosité de ses palais, l'érection de ses statues colossales, l'étalage de ses vases précieux, de ses habits chamarrés d'or, de ses meubles magnifiques. C'est sa sensualité, sa mollesse, sa luxure qu'il satisfera par de splendides festins, par l'emploi des parfums les plus exquis, les bains voluptueux, les orgies les plus dégradantes, les actes charnels les plus infâmes. C'est enfin la cruauté qui lui fera verser par torrents le sang humain ; c'est l'impiété qui le poussera, comme nous l'avons dit, à détruire partout le culte du vrai Dieu, pour y substituer le sien propre.

Nous n'avons pas voulu entrer dans ces détails, non plus que dans d'autres du même genre ; l'imagination du lecteur y suppléera aisément.

NOTE V, p. 81.

Au milieu de cette atroce persécution, on se demande qu'est-ce que fera la sainte Eglise de Jésus-Christ ?

Plusieurs auteurs ont essayé de répondre à cette question, et pour cela, ils ont appliqué à l'Eglise ce passage du douzième chapitre de l'Apocalypse : « Et la femme s'enfuit dans le désert, où elle avait une retraite que Lui-même lui avait préparée, pour y être nourrie mille deux cent soixante jours, et on donna à la femme deux ailes d'un grand aigle, afin qu'elle s'envolât dans le désert, au lieu de sa retraite, où elle est nourrie un temps, deux temps, et la moitié d'un temps, hors de la présence du serpent. »

Ces auteurs croient par conséquent que le petit nombre de fidèles qui composera le corps visible de l'Eglise durant les plus mauvais jours de l'Antechrist, se réfugiera de part et d'autre dans les forêts, les cavernes et autres lieux cachés, afin de se soustraire à l'alternative des plus cruels supplices ou de l'apostasie.

C'est encore ce que, selon eux, avait prédit le prophète Isaïc, par ces paroles du chapitre seizième : « Il arrivera que les filles de Moab seront, au passage de l'Arnon, comme un oiseau qui s'enfuit et comme les petits qui s'envolent de leur nid. Prenez conseil, faites des assemblées, préparez en plein midi une ombre aussi noire qu'est la nuit même. Cachez ceux qui s'enfuient, et ne trahissez point ceux qui sont errants. Mes fugitifs habiteront dans votre terre. Moab, servez-leur de retraite, où ils se mettront à couvert de celui qui les persécute, car la poussière a trouvé sa fin ; ce misérable n'est plus, et celui qui foulait la terre aux pieds est réduit en cendres. *Moab, esto latibulum eorum à facie vastatoris ; finitus est enim pulvis, consummatus est miser, defecit qui conculcabat terram.*

NOTE VI, p. 117.

Le plus grand des prodiges que fera l'Antechrist sera le dernier, d'après plusieurs interprètes que nomme Malvenda et dont il adopte ici le sentiment. Par ce fait miraculeux, il mettra le comble à son impiété, en même temps qu'à l'audace de ses partisans; il effrayera et confondra en quelque sorte les vrais chrétiens, et attirera enfin sur sa tête le terrible châtiment que lui réserve, d'après saint Paul, la colère du Fils de Dieu.

L'Antechrist feindra donc qu'il vient de mourir, et il apparaîtra si bien mort, que son trépas, étant tout d'abord constaté juridiquement, sera cru des peuples naturellement crédules. Et pourquoi cette feinte mort? Ce sera pour se procurer la gloire de ressusciter au bout de quelques jours, à l'imitation de Notre-Seigneur Jésus-Christ, pour reparaître tout à coup plein de force et de vie aux yeux des nations enchantées d'un tel événement et leur fournir de la sorte une preuve invincible de sa divinité.

On appuie ce sentiment sur ces paroles de l'Apocalypse, que nous avons appliquées avec le vénérable Holzhauzer et d'autres auteurs à la ruine de l'empire turc ou mahométan, ruine suivie de sa restauration sous le règne de l'Antechrist. « Et je vis une de ses têtes comme blessée à mort. Mais cette plaie mortelle fut guérie. Et toute la terre en étant émerveillée, suivit la Bête. *Vidi unum de capitibus suis quasi occisum in mortem et plaga mortis ejus curata est ; et admirata est universa terra post Bestiam* (1). »

NOTE VII, p. 134.

Cette conversion de tous les peuples au catholicisme est regardée comme indubitable par tous les commentateurs. Outre les preuves que nous avons données de l'arrivée d'un si glorieux événement vers la fin des siècles, quel-

---

(1) Apoc., ch. XIII, 3.

ques auteurs citent, pour les peuples orientaux, le verset xi du chapitre onzième d'Isaïe : « Alors le Seigneur étendra encore sa main pour posséder les restes de son peuple, qu'auront laissés les Assyriens, l'Egypte, Phetros, l'Ethiopie, Elam, Sennaar, Emath et les îles de la mer. »

Tout le monde sait quelles sont les régions de l'Orient indiquées par ces mots Assyrie, Egypte, Ethiopie. Quant à l'expression *Phetros*, plusieurs auteurs pensent qu'elle signifie l'Arabie, et notamment l'Arabie *pétrée*. Elam et Emath sont les noms anciens donnés aux pays qu'habitent les Perses, les Mèdes, les Arméniens et autres peuples de l'Asie centrale. L'opinion commune est que le prophète a voulu désigner par Sennaar, Sinear ou Schinear, comme porte l'hébreu, les nations de l'extrême Orient, et spécialement les Indiens et les Chinois, en latin *Sinæ*; et par les îles de la mer, les Japonais, les Australiens, tous les insulaires de la vaste Océanie.

Relativement à la conversion des peuples de l'Afrique centrale et occidentale, on a cité aussi deux passages des anciens prophètes. Le premier est tiré d'Isaïe : « Malheur à la terre qui fait du bruit de ses ailes, laquelle est au-delà des fleuves de l'Ethiopie, qui envoie ses ambassadeurs sur la mer et les fait voler dans des vaisseaux de jonc. Allez, anges légers, vers une nation divisée et déchirée, vers un peuple terrible, le plus terrible de tous, vers une nation qui espère encore et qui est déjà foulée aux pieds, dont la terre est ravagée par les inondations des fleuves. Habitants du monde, vous tous qui demeurez sur la terre, lorsque l'étendard sera élevé sur les montagnes, vous le verrez et vous entendrez le bruit éclatant de la trompette (1). »

Le second passage est pris dans Sophonie : « C'est alors que je rendrai pures les lèvres des peuples, afin que tous invoquent le nom du Seigneur et que tous se soumettent à son joug dans un même esprit. Ceux qui demeurent au-delà des fleuves d'Ethiopie viendront m'offrir leurs prières, et les enfants de mon peuple dispersé m'apporteront leurs présents (2). »

(1) Ch. xviii, v. 1 et suiv.
(2) Ch. iii, v. 9 et 10.

Quant à la conversion de l'Amérique, elle s'est déjà en grande partie opérée. Plusieurs auteurs anciens attestent que tout l'Océan, et particulièrement l'Atlantique, avait été parcouru soit avant eux, soit de leur temps, par les navigateurs. Sénèque, au deuxième acte de sa *Médée*, prédit la découverte de l'Amérique. Et quelques commentateurs ont cru trouver une prédiction de la conversion des peuples américains au christianisme dans le verset vingtième du chapitre unique du prophète Abdias. Ils disent que le mot hébreu *Sepharad*, que la Vulgate a traduit par *Bosphore*, signifiait une région inconnue aux extrémités de l'Occident.

NOTE VIII, p. 158.

Selon Bossuet et dom Calmet, le Cantique des Cantiques doit être partagé en sept jours. Or, d'après les auteurs de la Bible de Vence, ces sept jours ont rapport aux sept âges de l'Eglise, que la plupart des commentateurs reconnaissent être distingués dans l'Apocalypse, et qui partagent toute l'histoire de l'Eglise, depuis l'ascension de Jésus-Christ jusqu'à son second avènement. Si donc l'on scrutait sous ce point de vue le sens si profond du sublime Cantique, je suis persuadé que l'on y trouverait prédits la plupart des grands événements qui ont signalé la vie de l'Eglise jusqu'à nos jours, aussi bien que ceux qui en signaleront les derniers temps. Il faudrait surtout comparer le sens mystérieux de ce Cantique avec celui non moins mystérieux de l'Apocalypse. Car, comme le nouveau Testament est l'explication de l'ancien, la prophétie de l'Apocalypse est la clef qui doit nous ouvrir toutes les anciennes prophéties, et spécialement celle du Cantique des Cantiques. Nous le répétons, il est donc fortement à présumer que, en faisant cette étude, l'on trouverait des rapports marqués entre les âges de l'Eglise désignés dans l'Apocalypse, et les différentes parties que l'on peut distinguer dans le saint Cantique, des ressemblances sensibles entre l'allégorie qu'il contient et l'histoire même de l'Eglise, entre les jours qui y sont spécifiés et la durée des époques chrétiennes, entre les épreuves diverses de la sainte Epouse et les vicissitudes du catholicisme, entre la date où se dénoue pour jamais la destinée heureuse de cette fidèle épouse, et le siècle où se fixera pour toujours le sort admirable de l'Eglise.

La Bible de Vence a exposé les points principaux qui lui ont paru pouvoir former ces rapports. Mais c'est un travail sommaire qui a besoin d'être repris et poussé beaucoup plus loin. Ce sont des jalons qu'elle a plantés pour servir de guide au théologien, qui voudra entreprendre l'exploration entière de cette route si curieuse et si belle, mais aussi passablement scabreuse.

NOTE IX, p. 175.

Parmi les prophéties dont s'occupe aujourd'hui le monde religieux, l'une des plus curieuses et des plus authentiques est celle de saint Malachie, sur la succession des papes, depuis Célestin II jusqu'à la fin des temps. Saint Malachie naquit à Armagh, en Irlande, l'an 1094. Il fut successivement abbé de Benchor, évêque de Connor et enfin archevêque-primat d'Armagh en 1127. Après avoir donné une nouvelle face à son diocèse par son zèle et ses exemples, il se démit de son archevêché en 1135, et vint mourir en France, treize ans après, à l'abbaye de Clairvaux, entre les bras de son illustre ami, saint Bernard.

Ceux qui contestent l'authenticité de la célèbre prophétie qui lui est attribuée depuis près de trois siècles, prétendent que cet ouvrage fut fabriqué dans le conclave de 1590, par les partisans du cardinal Simoncelli ; que saint Bernard, qui a écrit la *Vie de saint Malachie* et rapporté les moindres de ses prédictions, ne fait point mention de celles qu'il a faites sur les papes, et qu'aucun auteur n'en a parlé avant la fin du xvie siècle.

Ceux, en plus grand nombre peut-être, qui regardent les susdites prophéties comme l'œuvre véritable du saint archevêque, ne manquent pas d'alléguer une foule de raisons pour réfuter leurs adversaires. Nous ne pouvons entrer dans les détails de cette polémique. Qu'il nous suffise de savoir que tout le monde reconnaît que l'existence de la *prophétie sur les papes* est consignée dans l'histoire depuis près de trois cents ans.

Pour expliquer les symboles dont elle se compose, il est facile de trouver quelque allusion vraisemblable dans le pays des papes, leurs noms, leurs armes, leur naissance, leurs talents, le titre de leur cardinalat, les dignités qu'ils ont possédées, les graves événements auxquels ils ont participé, les grandes épreuves qui les ont affligés, les princes et potentats qui les ont persécutés.

Il y a quelques-unes de ces dénominations qui s'accordent d'une manière frappante avec des circonstances rares et extraordinaires, comme celles de *Peregrinus apostolicus* pour Pie VI, d'*Aquila rapax* pour Pie VII, de *Crux de Cruce* pour Pie IX. Nous la transcrivons ici dans sa partie la plus intéressante pour nous, c'est-à-dire depuis le numéro 89 jusqu'à la fin.

89. *Flores circumdati*, les fleurs environnées ; Clément XI, année 1700.

90. *De bonâ religione*, de la bonne religion ; Innocent XIII, 1721.

91. *Miles in bello*, soldat à la guerre ; Benoît XIII, 1724.

92. *Columna excelsa*, la colonne élevée ; Clément XII, 1730.

93. *Animal rurale*, l'animal de campagne ; Benoît XIV, 1740.

94. *Rosa Umbriæ*, la rose de l'Ombrie ; Clément XIII, 1758.

95. *Visus velox*, la vue perçante ; Clément XIV, 1769.

96. *Peregrinus apostolicus*, le pèlerin apostolique ; Pie VI, 1775.

97. *Aquila rapax*, l'aigle ravissante ; Pie VII, 1800.

98. *Canis et coluber*, le chien et le serpent, Léon XII, 1823.

99. *Vir religiosus*, l'homme religieux ; Pie VIII, 1829.

100. *De balneis Etruriæ*, des bains de l'Etrurie ; Grégoire XVI, 1831.

101. *Crux de cruce*, la croix de la croix ; Pie IX, 1846.

102. *Lumen in cœlo*, la lumière dans le ciel.
103. *Ignis ardens*, le feu ardent.
104. *Religio depopulata*, la religion ravagée.
105. *Fides intrepida*, foi intrépide.
106. *Pastor angelicus*, le pasteur angélique.
107. *Pastor et nauta*, pasteur et pilote.
108. *Flos florum*, la fleur des fleurs.
109. *De medietate lunæ*, du milieu de la lune.
110. *De labore solis*, du travail du soleil.
111. *De gloriâ olivæ*, la gloire de l'olive.
112. *In persecutione extremâ sacræ romanæ ecclesiæ sedebit Petrus Romanus ; qui pascet oves in multis tribulationibus, quibus transactis, civitas septicollis diruetur, et judex tremendus judicabit populum.* Dans la dernière persécution de la sainte Eglise romaine, il y aura un Pierre romain élevé au pontificat ; il paîtra les brebis au milieu de grandes tribulations. Après cela, la ville aux sept collines sera détruite, et le juge redoutable jugera les peuples.

NOTE X, p. 209.

Outre ces leçons générales de l'histoire, on peut aussi facilement remarquer une véritable analogie entre l'histoire du peuple de Dieu et celle de l'Eglise catholique. La promulgation de la loi ancienne sur le mont Sinaï figure celle de la loi chrétienne au saint jour de la Pentecôte. La persécution des Egyptiens et des Chananéens, les longues épreuves du voyage à travers le désert, les combats incessants des Philistins annoncent les douleurs de l'Eglise durant les années de son établissement dans le monde, les persécutions et les supplices que lui font endurer les empereurs païens jusqu'à Constantin le Grand, qui reçoit le baptême. Les revers et les vicissitudes de la vie d'Israël sous le gouvernement des juges et ensuite son affermissement dans la Terre promise, sous les règnes de David et de Salomon, symbolisaient les triomphes du catholicisme sur les peuples barbares qui avaient envahi l'empire romain et puis sa victoire complète à l'époque de Charlemagne. Depuis

David jusqu'à la captivité de Babylone, c'est le temps de la monarchie, ce sont les jours prospères du royaume de Juda, et nous y voyons tracée à l'avance l'histoire du christianisme au moyen âge, véritable règne de la foi sur les peuples. La captivité de soixante-dix ans à Babylone nous représente le grand schisme d'Occident et le deuil de l'Eglise, qui fut alors, pour ainsi dire, sans directeur et sans chef. Le retour de Babylone, la reconstruction du temple, le schisme des Samaritains, les factions diverses qui affaiblissent la société israélite, ont figuré ce qu'on appelle la renaissance, puis la grande hérésie du protestantisme et les guerres religieuses ou politiques qu'elle soulève et fomente en Europe jusqu'au milieu du xviiie siècle. L'horrible persécution de l'impie Antiochus est l'image du gouvernement de la Terreur et du Directoire et l'annonce de leurs persécutions contre l'Eglise et son chef. L'espace renfermé entre la restauration du culte mosaïque par le vaillant Judas Machabée jusqu'à l'avénement du Messie indique l'intervalle qui doit s'écouler entre la révolution de 93 jusqu'à l'avénement de l'Antechrist, dont la mort sera suivie d'une admirable restauration pour l'Eglise et le monde. Comme, depuis la persécution d'Antiochus et les premières victoires des Machabées jusqu'à la destruction de Jérusalem par les Romains, il s'est écoulé environ deux cents ans, l'on peut conjecturer que la longueur du temps qui doit séparer les désastres de l'Eglise à la fin du siècle dernier de ceux qu'elle doit subir sous l'Antechrist n'ira point au-delà de deux cents années; et en ce cas, le châtiment de cet homme de péché et le suprême triomphe de l'Eglise sur la révolution ne tarderaient pas plus d'un siècle à venir.

NOTE XI, p. 290.

Ce qui fait désespérer de la guérison de la société européenne actuelle, c'est qu'elle se trouve minée, gâtée, corrompue par les sociétés secrètes. Examinez attentivement le caractère du siècle présent, étudiez l'histoire contemporaine des nations de l'Europe, rappelez-vous ces faits que vous avez vus de vos yeux ou appris par les journaux, recherchez ensuite les causes qui ont amené tant de bouleversements et de révolutions en un si court espace de temps, et vous verrez clairement qu'un seul et même principe les a produits, qu'ils dérivent d'une seule et même source empoisonnnée.

L'âme de toutes ces perturbations sociales, c'est le *pandémonium* des sociétés secrètes, sociétés d'hommes corrompus, pervers, impies, possédés d'une rage diabolique, et dont le but final est d'arriver par tout moyen à la destruction de toute autorité divine et humaine, à l'extermination du Christianisme et de l'Eglise catholique, à l'abolition du saint nom de Dieu et de celui de Jésus-Christ, son Fils, à l'adoration de l'homme par l'homme, au culte unique et universel du démon, qui est le chef réel et le maître suprême de toutes les loges de l'*Illuminisme*, de la *Franc-Maçonnerie*, de la *Charbonnerie*, de la *Sacrée-Alliance*, de la *Montagne*, de la *Jeune Italie*, etc.

On peut lire, pour se renseigner à fond sur ces sociétés secrètes, les œuvres du R. P. A. Bresciani, et spécialement le *Juif de Vérone*, la *République romaine*, *Lionello*.

NOTE XII, p. 299.

Il va sans dire que la plupart des commentateurs se sont exercés à chercher le nom propre de l'Antechrist, qui, selon saint Jean, est désigné par le nombre mystérieux de 666 (1). Voici les noms grecs que quelques-uns de ces auteurs ont trouvés et adoptés. *Mahumétès*, Mahomet ; *Lampetis*, brillant, soleil éclatant ; *Antemos*, contraire, adversaire ; *Teïtan*, titan ; *Benedictos*, béni ; *O Nikétès*, le vainqueur ; *Kakos Odégos*, le mauvais chef ; *Aléthès Blaberos*, le vrai méchant, ou calomniateur ; *Amnos Adikos*, l'agneau d'injustice ou de Satan ; *Palaï Baskanos*, l'antique séducteur ; *Genserikos*, Genséric ; *Euanthès*, qui fleurit admirablement, en latin *Pulchré florens*, l'admirable fleur.

Chacune de ces appellations, avec les lettres grecques qui la composent et qui sont toutes numérales, forme, en la langue grecque, le chiffre total de 666.

(1) Apocalypse, chap. XIII, verset 18.

Quant à nous, s'il nous est permis de donner notre avis, nous croyons qu'en effet le nom de l'Antechrist renfermera exactement ce nombre. Mais ce nom ne sera ni grec, ni latin, ni hébreu. Ce sera un nom moderne très-probablement, suivi de titres pompeux et de qualifications fastueuses, dont les lettres, successivement indiquées et déterminées, selon la manière de chiffrer les dépêches usitées de nos jours dans le monde diplomatique, composeront le nombre total de 666.

TABLE DES MATIÈRES.

Avant-propos.

Première partie.

De la personne de l'Antechrist et des événements de son règne.

CHAPITRE PREMIER.

Notions diverses sur le caractère, l'origine, le pays et le peuple de l'Antechrist	1
§ 1. Que doit-on entendre par l'Antechrist ?	1
§ 2. Sera-ce un homme véritable ?	6
§ 3. Son origine.	9
§ 4. Son pays et son peuple	13

CHAPITRE II.

Comment s'agrandira son pouvoir ?	18
§ 1. L'assistance de l'esprit de ténèbres.	19
§ 2. Le fanatisme mahométan.	23
§ 3. Les richesses des Juifs.	24
§ 4. L'aide des incrédules et des impies.	29
§ 5. La connivence des révolutionnaires.	31

CHAPITRE III.

Science extraordinaire de l'Antechrist	33

CHAPITRE IV.

Ses vices 38
§ 1. Son orgueil. 38
§ 2. Sa haine. 41
§ 3. Ses injustices et ses instincts féroces 49
§ 4. Sa luxure. 53

CHAPITRE V.

Séduction des peuples par l'Antechrist 55

CHAPITRE VI.

Du grand docteur complice et ministre de l'Antechrist. 63

CHAPITRE VII.

Gouvernement tyrannique de l'Antechrist 71

CHAPITRE VIII.

Combien durera le règne de l'Antechrist ? 79

CHAPITRE IX.

Des athlètes qui combattront l'Antechrist. 87
§ 1. Preuves de la venue d'Hénoch 90
§ 2. Preuves de la venue d'Élie. 92
§ 3. Réfutation d'une objection 98
§ 4. Du degré de foi que mérite cette prophétie. 102

CHAPITRE X.

Les œuvres futures d'Hénoch et d'Élie. 103

CHAPITRE XI.

De la mort de l'Antechrist suivie de la conversion des Juifs. 115

CHAPITRE XII.

Preuves de la conversion future des Juifs. 118
§ 1. Première preuve. 120
§ 2. Deuxième preuve 124
§ 3. Troisième preuve 126
§ 4. Quatrième preuve. 130

CHAPITRE XIII.

Conversion de tous les peuples procurée surtout par les Juifs devenus chrétiens fidèles 133

CHAPITRE XIV.

De l'admirable époque qui suivra la conversion des Juifs. . . 138

Deuxième partie.

Sur l'époque éloignée ou prochaine de l'avènement de l'Antechrist.

AVANT-PROPOS. 149

CHAPITRE PREMIER.

Nous sommes actuellement sur la fin du sixième âge de l'Eglise. 151

CHAPITRE II.

Le déchaînement de Satan, prédit par les Saints-Livres, a eu lieu, selon toute apparence, depuis déjà longtemps 158

CHAPITRE III.

La conversion des Juifs paraît ne devoir pas être fort éloignée. 164

CHAPITRE IV.

Nous arrivons à l'apostasie finale 169

CHAPITRE V.

Un autre symptôme, c'est l'agitation qui s'est emparée des âmes. 173

CHAPITRE VI.

On ne peut méconnaître les signes avant-coureurs de la dernière persécution générale. 176

CHAPITRE VII.

L'établissement d'une monarchie ou domination universelle, devient de jour en jour plus facile. 182

CHAPITRE VIII.

La vie de Jésus-Christ doit se reproduire en l'histoire de l'Eglise, et nous arrivons à l'heure la plus douloureuse de sa passion 188

CHAPITRE IX.

La plupart des hommes d'aujourd'hui ont les caractères sous

lesquels saint Paul a dépeint à l'avance les hommes des derniers temps........................ 196

CHAPITRE X.

Les leçons de l'histoire nous annoncent, comme prochaine, l'arrivée de la persécution dernière et du châtiment des derniers impies, dont l'Antechrist sera le chef........ 204

CHAPITRE XI.

Les désordres actuels nécessitent ou une réparation éclatante ou un prompt et rigoureux châtiment.............. 210

Troisième partie.

Des conclusions à tirer de ce qui précède, par rapport aux événements actuels.

AVANT-PROPOS.   218

CHAPITRE PREMIER.

Conclusions générales....................... 219

CHAPITRE II.

Conclusions relatives aux événements religieux actuels..... 234

CHAPITRE III.

Conclusions relatives aux événements politiques du jour.... 254

CHAPITRE IV.

Conclusions relatives au clergé catholique............. 278

CHAPITRE V.

Conclusions relatives aux laïques chrétiens............ 285
Notes.................................. 301

Wassy. — Imprimerie de Mougin-Dallemagne.